LES TRACES DU RÊVE

DU MÊME AUTEUR

Essai

Le film sous influence, Paris, Éditions Edilig, 1983.

Films

Les traces du rêve, long métrage, ONF, 1986.
Le voyage au bout de la route ou la Ballade du pays qui attend,
    long métrage, ONF, 1987.

Créations radiophoniques

Robert Flaherty, cinéaste et prospecteur ou le Rêve d'un prince,
    film radiophonique, ACR, Radio-France, 1983.
Jacques Cartier, le voyage imaginé, une série de treize émissions
    radiophoniques d'une heure, produites par Radio-Canada et
    Radio-France, 1984 (coauteur : Pierre Perrault).
Via fantômas, ou Georges Franju, le rêveur immobile, film radio-
    phonique, ACR, Radio-France, 1985.
Subsonique, poème radiophonique, ACR, Radio-France, 1985.
Trois voyages à l'Acadie, série, ACR, Radio-France, 1988.

JEAN-DANIEL LAFOND

Les traces du rêve
ou Il était une fois Pierre Perrault, cinéaste, poète et Québécois

essai

préface de Paul Véronneau

l'HEXAGONE

Éditions de l'HEXAGONE
900, rue Ontario est
Montréal, Québec H2L 1P4
Téléphone : (514) 525-2811

Maquette de couverture : Jean Villemaire

Illustration de couverture : photo Martin Leclerc, graphisme Pierre Durand, ONF

Photo de l'auteur : Jean-Marc Vincent
Photos intérieures :
Martin Leclerc, Jean-Daniel Lafond, Office national du film du Canada, collection Pierre Perrault

L'auteur tient à remercier l'Office national du film du Canada
pour son aimable collaboration aux tirages photographiques.

Photocomposition : Imprimerie Gagné Ltée

Distribution : Québec Livres
4435, boulevard des Grandes-Prairies
Saint-Léonard, Québec H1R 3N4
Téléphone : (514) 327-6900, Zénith 1-800-361-3946

Réplique Diffusion
78, rue d'Aubervilliers, 75019 Paris, France
Téléphone : 42.39.58.74

Dépôt légal : quatrième trimestre 1988
Bibliothèque nationale du Québec
Bibliothèque nationale du Canada

[…] la vigueur d'un propos m'a toujours paru en tout temps et en toute circonstance plus importante que son utilité pratique, et plus importante l'existence d'un homme d'envergure que la direction dans laquelle il travaille.

Bertold BRECHT, *Écrits sur le théâtre.*

Ici, quand nous laissons des traces, de plume ou de pinceau, nous les alignons sur notre horizon, comme quand nous laissons la trace de nos pas.

Michel SERRES, *Détachement.*

PRÉFACE

Du film au livre, les ellipses comblées

Ce que l'on voit dans cet écrit
Est moins un conte en l'air que la vérité même
Tout est beau dans ce que l'on aime
Tout ce qu'on aime a de l'esprit.

Charles PERRAULT,
Contes.

Malgré l'absence de «traces» du processus de
production dans le film, il n'en demeure pas
moins que certains aspects de la parole du
cinéaste traitent de ce processus. Le discours
du cinéaste sur son film ne transforme pas le
film lui-même mais s'inscrit à la périphérie du
film.

Jean-Daniel LAFOND,
le Film sous influence.

J'ai en mémoire le début des *Traces du rêve* : une atmosphère.
Je plonge dans le livre qu'en tire Jean-Daniel Lafond et, dès son
début, trois choses me frappent : il formule des appréciations sur

Perrault en évitant les termes neutres pour privilégier les termes marqués, il affirme un *je* plus manifeste que dans le film et il utilise une écriture qui dépasse la littéralité du représenté filmique, qui va au-delà de la description, de l'adéquation descriptive, qui a une existence et des qualités propres. Trois choses qui rendent nécessaire la réflexion sur le film et sur le livre mêmes. Le livre médiatise la représentation de l'image physique. Les décors, les objets, les personnages que le film proposait en *analogon* obtiennent dans le récit écrit une existence nouvelle, presque imaginaire, particulièrement pour le lecteur qui n'a pas vu le film et malgré les photos qui l'illustrent.

Dans *les Traces du rêve,* Lafond suit une double piste : il se met à la recherche d'abord des traces de Pierre Perrault dans ses films, ensuite du discours du cinéaste sur son œuvre. En même temps, il veut réaliser un film qui se tienne, une dramatique qui rappelle les films radiophoniques qu'il a déjà réalisés pour Radio-Canada et Radio-France. Cette double articulation, Lafond l'énonce dès le projet du film :

> «Pierre Perrault devient le texte et le prétexte de ce film. Car ce qui est intéressant ici, ce n'est pas tant l'objet de la poursuite d'un homme que la poursuite de cette poursuite. La trace de ses rêves en somme. Le film sera cette poursuite et proposera un voyage dans l'imaginaire du cinéaste pour rappeler en fin de compte qu'il n'y a pas de cinéma-vérité, tout juste la vérité du cinéma : la vie.»

En le paraphrasant, je pourrais ajouter que le film devient le texte et le prétexte de ce livre. Une triple poursuite, une triple vérité. Le film révélait un personnage présent dans l'intrigue, Perrault. Mais Lafond ici fait le saut, du récit racontant au récit raconté. Le livre rend donc également présent l'absent de l'intrigue du film, le narrateur, Lafond. Ce narrateur conscient peut se permettre, entre autres, de clarifier, de préciser des lignes de forces qui se trouvaient dans le film, de dégager une méthode, éclairant ainsi *après le récit* ce qui s'est élaboré *avant le récit*.

Dans le film, Lafond veut présenter l'essence même du personnage qu'est Perrault et poursuivre les traces de son rêve, ce rêve dont celui-ci disait, dans *Toutes isles* (1963, extrait cité au début du film), qu'«affranchi des espaces [il] peut mener le chasseur jusqu'à des pays qu'il n'a pas prévus», les pays magnifiés du marsouin, du *mouchouânipi* ou de *la Bête lumineuse*.

La métaphore du cinéaste-chasseur qu'utilise Perrault et à laquelle se réfère la première partie du film peut sembler d'une simplicité et d'une littéralité effarantes. Pourtant on peut se demander si elle ne supprime pas davantage d'éléments qu'elle n'en ajoute, si elle ne particularise pas plus qu'elle ne généralise, si elle ne suggère pas plus qu'elle n'aplatit.

En effet, qui dit chasseur dit territoire de chasse. Et quoi de plus territorial que le documentaire et, a fortiori, le travail du documentariste? Tout un aspect du documentaire québécois consista et consiste toujours à marquer sa territorialité nationale. Le territoire fut souvent son lien interne. Le progrès technique que connurent les années soixante encouragea ce développement. Les lieux, les territoires — le documentaire l'a bien montré —, ne sont pas neutres. Ils ont des fonctions référentielles et culturelles que le récit prend en charge. Le film de Lafond constitue donc une sorte de documentaire éthologique qui questionne les relations du cinéaste, de son œuvre et du documentaire comme tel avec le milieu dans lequel ils s'inscrivent et qui indique, en même temps, la complexité des relations qu'entretiennent avec le territoire ces trois instances.

Les comportements jouent de façon contradictoire l'espacement et la présence. Une observation minutieuse du film nous montrerait toute la finesse de ce jeu. Par exemple, le film indique bien la place active et innovatrice de Perrault dans le monde du cinéma et la distance que lui-même met entre ses images et celles des autres. De la même manière, les séquences cannoises désignent la territorialité fondamentale de Perrault en soulignant son extériorité par rapport à l'événement. Dans chaque cas s'exprime la distance critique qui s'instaure entre les pôles relationnels.

En corollaire, Lafond souligne l'avantage de Perrault dans un environnement dont il connaît les paramètres et les repères. Le chasseur chasse mieux dans son territoire : il lui est familier. Lafond montre bien par ailleurs que ce territoire n'est pas qu'un donné objectif. Perrault sait bien filmer, et filme bien ce qu'il voit devant lui, parce que et quand il sait ce qu'il voit en lui-même. Le cinéaste découvre son monde, s'en fait une image et met en images cette découverte. Lafond sait aussi qu'en replaçant son sujet dans des milieux familiers il activera le mouvement des références, des réminiscences, il enrichira les traces du rêve.

Dans le film et dans le livre, Lafond nous présente un Perrault à la fois séducteur et intimidateur. Celui-ci joue son premier rôle dans l'espoir de créer une situation agréable, et son second dans la crainte que ne se développe un état désagréable, ou à tout le moins dont le contrôle lui échapperait. En tant que cinéaste, Lafond tâche de communiquer au spectateur un aspect des enjeux de sa mise en situation tandis qu'au même moment Perrault se trouve dans une situation ambiguë, comme tout sujet de documentaire, à la fois informateur et dissimulateur, filtrant l'information qu'il fournit, donnant et écartant tout à la fois. Par son écrit, Lafond peut préciser les enjeux qu'il communiquait dans le film, peut également mieux prendre parti, sans pour autant affirmer que l'information qu'il véhicule a valeur de vérité. La connaissance qu'a Lafond de Perrault lui permet tout au long du film de guider le spectateur dans l'univers contradictoire dont je parlais précédemment et d'en tracer la géométrie.

Tantôt on voit Perrault maître dans son territoire : il le saisit, il le conquiert. Stéphane-Albert Boulais[1] emploie l'expression «directeur de conscience» pour qualifier ses premiers rapports avec le cinéaste. Il me fait plutôt penser à un chef de gang, un parrain. La caméra d'ailleurs trahit la prestance patriarcale de Perrault; avec ses amis, sa famille, en un milieu sûr qui l'apprécie et l'aime[2]; on le voit toujours la tête redressée, les cheveux en arrière, la gorge tendue : il est beau et magnifique; il parle ou écoute, le rire aux yeux.

Mais on sent parfois que l'appréhension — au sens de saisie — se transforme en une autre appréhension, en peur presque. Perrault est en territoire étranger. Il est symptomatique que, lors de la réception de son doctorat *honoris causa* à Laval, il ait fait allusion à ses

---

1. «Le cinéma vécu de l'intérieur : mon expérience avec Pierre Perrault», communication au colloque conjoint de l'Association québécoise des études cinématographiques et de l'Association canadienne des études cinématographiques, reprise dans *Dialogue, Cinéma canadien et québécois,* Médiatexte / Cinémathèque québécoise, 1987.

2. N'est-ce pas une préoccupation et une caractéristique fondamentales de plusieurs documentaristes que d'aimer leurs sujets et de rechercher, sinon de cultiver, leur affection?

ennemis, comme s'il en avait vraiment. Comme pour exorciser une éventuelle infériorité, il va fanfaronner, y aller de ces déclarations à l'emporte-pièce dont il a le secret, qui peuvent faire enrager son interlocuteur ou un spectateur et le désarçonner simultanément; n'oublions pas que Perrault pratique un judo rhétorique qui n'a souvent de gros et d'élémentaire que l'apparence.

Lafond connaît le talon d'Achille du cinéaste et sait le mettre en scène avec tact en faisant appel à des gens qui ont pour Perrault de l'amitié. La seconde partie de son film, un peu moins focalisée sur l'homme, accueille cette dimension critique, que ce soit par l'intermédiaire de Madeleine Chantoiseau sur les femmes, de Michel Serres sur le mélange des cultures ou d'Hélène Himelfarb qui, à Versailles, lui dit merveilleusement, en riant et sans agressivité : «Regardez-les avec vos yeux et pas avec vos préjugés», ce qui est en soi une piste pour la lecture des films de Perrault.

L'une des richesses de ce film est d'être une poupée russe de pistes. Tout documentaire est une piste, ou plutôt un signe de piste. Il est aussi une recherche de pistes. Lafond piste un cinéaste et une œuvre qui pistent de leur côté une existence et une spécificité nationales. Une territorialité. *Les Traces du rêve* nous entraîne sur les pistes géographique, idéologique, humaine, actantielle, biographique, et suggère la complémentarité de tous ces niveaux; le film les illustre, les explique, les justifie. Il montre que le documentaire peut rendre fondamentales d'étranges nécessités, transformer le banal en signifiant, l'anodin en précieux, le marginal en représentatif. Le livre peaufine la démarche, comble les ellipses, condense les lectures.

Les Traces du rêve conserve et pointe justement ces multiples traces, c'est-à-dire l'espace d'inscription de l'œuvre de Perrault, de ses discours et du style qui est le sien, le documentaire. Il dévoile leur engendrement et fait ressortir le système de renvois qui les traverse. En même temps, il fait apparaître leur spécificité, leur singularité, leur différence. Autant de traits qui sont indiqués dans le film par les transformations qu'ils ont connues au cours de la carrière du cinéaste. Autant d'attributs supplémentaires de l'effet rétrospective.

Mais l'ambition de Lafond n'est pas l'exhaustivité. Il n'a pas l'intention d'épuiser en un seul film les trois aspects que nous venons de souligner. De toute manière, chacun d'eux pourrait être l'objet d'un film en soi. Lafond se limite, mais dépasse en même temps ces films hypothétiques, ce qui lui permet de rompre avec les habitudes qui pourraient les caractériser. Chaque aspect voit son sens transformé par la contiguïté de l'autre. De cette manière, le film devient figure, au sens classique de la rhétorique (qui appelle ainsi toute expression qui s'écarte du normal, du normatif).

Lafond cherche aussi à dépasser les fonctions de référence, de connaissance, d'explication, préférant laisser le film les intégrer et les sublimer dans son écriture propre. Le film d'aventures dont nous parlions tout à l'heure... De ce point de vue, on ne peut passer à côté de l'articulation générale de l'œuvre, du rôle structural de la bande-son qui captive dès le départ notre oreille par ce mélange de bruit de raquettes, de respiration et de musique électroacoustique, de la finesse des transitions qui vont au-delà de la division du film en deux parties.

La méthode de Lafond — mais, en fait, il y en a plus qu'une — repose sur un jeu de montage quasiment provocateur[3]. Déjà elle est là dans les deux premières séquences du film : forêt hivernale où marche Perrault / Perrault au Festival de Cannes. Mise en contraste, oui, mais aussi montage des attractions, c'est-à-dire montage qui permet de faire ressortir un sens nouveau, qui apporte un supplément à la juxtaposition des séquences, chaque séquence possédant déjà sa pluralité de traces :

Territoire originel	Territoire étranger
Cinéma documentaire	Cinéma de scénario
Glorification du pays	Cathédrale du cinéma
Destinataire national	Destinataire international
Nature culturelle	Culture artificielle
Lieu ouvert de la nature	Lieu clos du cinéma
Vie	Artifice
Chasse	Interview comme chasse
— *la Bête lumineuse*	
Cinéaste chasseur	Cinéaste en chasseur
— signification du gibier dans ses films : métaphorique et symbolique	

3. Et il n'en a sûrement pas le seul crédit; que référence soit faite ici à sa monteuse Babalou Hamelin.

Perrault, homme de la terre-pays[4] Etc.	Perrault, homme du film-récit

Je sais que l'examen encore plus serré du début du film — et a fortiori de son ensemble — nous révélerait d'autres pistes, d'autres traces. Je ne fais que suggérer ici la méthode réticulaire de Lafond où la mise en scène renvoie au film de Perrault, le reportage à son idéologie, le présent au passé, le rôle de la critique au cinéma de la parole, le témoignage des personnages au travail du cinéaste qu'il tend si souvent à cacher, l'intention documentaire à la fiction qui en résulte et à la perception du spectateur, etc. Et le livre ajoute des éléments éclairants à cette constellation et permet aux synthèses de s'effectuer avec plus de force et de finesse.

Après une transition élégante où l'intervention de Louis Marcorelles ne renvoie plus à ce qui s'est passé mais à ce qui suivra, la deuxième partie du film, celle du fleuve[5], partie qui est aussi celle de la critique et de l'amour, nous introduit à d'autres permutations de l'univers de Perrault et permet au lyrisme d'éclater. Je ne retiendrai que ce dernier élément car j'ai déjà fait allusion à la critique auparavant.

À la base de la relation de Perrault avec ses personnages, il y a une relation d'affection et de fascination réciproques. Perrault aime, recherche, choisit et conquiert les personnages superlatifs; ils ont un peu sa faconde et sa beauté, et son cinéma nous permet de voir vibrer ses affinités électives. Mais de par sa connaissance approfondie de l'œuvre du cinéaste, Lafond savait qu'un seul personnage avait su conquérir Perrault : Marie, l'alter ego refoulé de sa tendresse profonde.

Lafond a donc eu raison de nous faire sentir qu'il n'y a jamais eu de plus grand amour de Perrault pour ses personnages que celui qui le lia à Marie. Ce qui l'amena à susciter la séquence de *la Chanson de Marie*. Lorsque Perrault poursuit le texte de ce poème que chantait au plan d'avant Jacques Douaï[6], nous atteignons le plus

---

4. Mais qui est fasciné par Cartier, homme de la mer, et cherche les traces de la terre sur la mer et le fleuve.

5. De l'île aux Coudres (explicite) à *la Grande Allure* (implicite), mettant ainsi entre parenthèses l'Acadie, l'Abitibi et les Amérindiens.

6. Personnage central du plus récent long métrage de Lafond, *le Voyage au bout de la route*, ONF, 1988.

beau moment d'émotion du film. Le film bascule alors, comme lorsque dans *My Darling Clementine* Doc Holliday poursuit le texte d'Hamlet que le comédien défaillant ne peut plus dire et en fait son emblème propre.

Ici Perrault entrouvre la porte sur une dimension de lui-même qu'il s'est acharné à dissimuler dans son œuvre et même dans les *Traces*. Il n'a plus le même port de tête. Observez son visage : il tressaille; pour reprendre le mot de Marie, il dévie. Ce faisant, Lafond dit aussi combien il aime Perrault. Mais aussitôt il détourne son aveu, ou plutôt Chantoiseau vient à sa «rescousse» en faisant remarquer à Perrault l'absence de femmes dans son œuvre *filmique*. La bulle d'émotion éclate; on retourne aux traces. *Business as usual.*

Le film de Lafond, se démarquant un peu d'une certaine sémiologie à laquelle son ouvrage cité en liminaire faisait une part plus importante, montre bien que le sens d'un texte ne réside pas uniquement dans ses articulations internes, qu'il est aussi ce qui le réfère à une réalité extérieure.

Par les nombreuses corrélations qu'il établit entre l'homme Perrault, le cinéaste, son œuvre et le style qu'il pratique, le documentaire, Lafond réussit à singulariser son propos, à en identifier le temps et le lieu, tout en ne renonçant pas à la prédication universalisante. En fixant, en transcrivant même la parole de Perrault, tout comme celui-ci fixait celle d'Alexis, de Marie, de Stéphane-Albert ou de Michel Garneau, il confère à ce qui était transitoire et temporel une dimension de durabilité, il introduit l'universalité dans la singularité.

Il rejoint ainsi l'entreprise littéraire de Perrault qui, contrairement à ceux qui définissent le poétique par l'accentuation du signifiant au détriment de la référence, désigne la référence, l'acharnement et dénonce le dépaysement, l'absence d'écritures sur le fleuve, tout en ouvrant une autre sorte de référence moins dénotative qui refait et retrace la réalité et le rêve[7].

En même temps, Lafond réussit à faire sentir que, ancré dans son sol, Perrault est déchiré par le devenir de son pays. Mais il ne fait pas preuve de cynisme ni ne laisse voir aucun défaitisme. Il se

---

7. Ce que mettent en lumière les études d'Yves Lacroix, le rôle et la fonction du poète dans *la Grande Allure* ou, à la fin de *Traces,* le dialogue Perrault-Garneau-Serres sur l'écriture, échange qui continue sur le thème de Versailles et les propos de Gaston Miron.

bute, il contrarie, il agresse, et le film nous le montre ainsi. Il affronte un présent en contradiction avec son être et son rêve. Mais Lafond sait que cela ne le fera pas dévier de ses objectifs. Cela lui permet de repérer les traces semi-effacées, les empreintes légères, les langages non arbitraires qui sillonnent l'œuvre du cinéaste. Il rapproche ce qui était éclaté, systématise ce qui fut étendu dans le temps et l'espace, prend de la hauteur pour mettre en perspective. *Les Traces du rêve* sait évoquer Perrault et son œuvre mais sait également en intégrer les leçons. Le film lui-même possède des qualités d'écriture qui lui confèrent une importance propre. Lafond nous montre avec bonheur comment il a su concilier sa pratique filmique avec sa formation analytique et critique.

Son texte écrit ne fait qu'amplifier la richesse de sa démarche car il crée de nouvelles résonances à l'état affectif que suscitait le film chez le spectateur. Double réaction, double réponse. Le film montrait l'action, le livre éclaire la passion et développe la réflexion. La représentation concrète cède ici régulièrement au vocabulaire à la fois abstrait et qualitatif qui exprime les modalités de l'image et de l'action. Le travail écrit de Lafond organise le document référentiel et le sujet nommé. C'est pour cela que le texte comprend à la fois une description du film et une réflexion sur Perrault et sur son œuvre. Il transpose l'image et prolonge la situation. Lafond ne dit-il pas qu'il veut faire l'anthropogenèse de la démarche de Perrault par rapport au nationalisme québécois et comprendre ainsi le discours de l'origine?

Il indique d'ailleurs au début du chapitre intitulé «la Méthode» la différence fondamentale entre l'entreprise de transcription par Perrault de ses propres films et celle que lui, Lafond, nous propose. Ses nombreuses références à Deleuze sont à cet égard éclairantes. Tous ces éléments réflexifs, toutes ces informations latérales préservent toutefois et le film et le sujet Perrault. N'est-ce pas là une autre qualité de cet ouvrage que d'énoncer des propositions qui renforcent le film initial sans altérer le plaisir qu'il procure et l'affection qui s'en dégage?

Pierre VÉRONNEAU[8]

---

8. Pierre Véronneau est responsable des recherches historiques et des publications à la Cinémathèque québécoise. Il est également professeur de cinéma et collabore à plusieurs ouvrages ou revues de cinéma au Québec et à l'étranger.

Seuil

Il y a les traces qui conduisent au rêve.

Il y a celles qui restent quand il s'est dissipé.

À la fin des années cinquante, un jeune homme fuyait le barreau auquel ses études l'avaient destiné et rêvait d'un royaume de surhommes, de trappeurs, de chasseurs fabuleux, de pêcheurs habiles, de constructeurs de goélettes, d'agriculteurs maîtres chez eux, de conteurs merveilleux, de violoneux endiablés. Il se reconnaissait dans la poésie chantée de Félix Leclerc dont il vendait avec passion les billets des premiers spectacles, retrouvait son double dans le *Menaud*[1] de Félix-Antoine Savard, nommait les paysages dans les mots de *l'Abatis*[2].

Quittant la ville, l'Université, le hockey, la littérature française dans un même mouvement, il se découvrait dans la parole quotidienne des marins du fleuve Saint-Laurent et des chasseurs de loups-marins de la basse Côte-Nord, enfouie dans le silence de l'ère duplessiste. C'est ainsi que Perrault, Pierre, né en 1927 à Montréal, fils d'un gros marchand de bois, allait enraciner son cinéma, sa poésie, ses écritures dans le territoire de l'âme québécoise — selon ses mots — et devenir à sa façon le symbole d'un créateur identifié à l'idée d'un pays à faire. Dès ses premières émissions de radio, puis dans ses premiers films, il va poursuivre, traquer, débusquer ce «pays

---

1. Félix-Antoine Savard, *Menaud, maître draveur*, Montréal, Éditions Fides, 1943.
2. Félix-Antoine Savard, *l'Abatis*, Montréal, Éditions Fides, 1943.

sans bon sens». Et pendant trente ans, il va sillonner les pistes de ce territoire si difficile à nommer Québec.

Il va même jusqu'à inventer, pour le besoin et la nécessité de son entreprise, ce qu'il nomme «le cinéma du vécu», loin des studios et des projecteurs. Puis il prétend avec cet instrument qu'il idéalise «donner la parole à ceux qui ne l'ont jamais eue» et «donner l'envie de soi» à ce pays trop longtemps silencieux.

Très tôt, il identifie son œuvre tant cinématographique que poétique au mouvement pour l'indépendance du Québec qui s'instaure dès les années soixante et trouvera son apogée avec l'accession au pouvoir du Parti québécois de René Lévesque, le 15 novembre 1976.

Il voit dans ce projet d'indépendance la seule chance de survie du peuple du Québec, la seule possibilité d'avènement de ce royaume qu'il appelle de ses vœux, en somme le seul mouvement politique capable de retarder et même d'inverser l'évolution de l'économie capitaliste.

Mais le rêve trouve ses premières limites dans la mise en application politique du projet souverainiste et indépendantiste. Depuis, avec, et enfin sans le Parti québécois, le Québec s'est dirigé inéluctablement vers le développement des secteurs secondaire et tertiaire. Le nationalisme de la première heure s'est effrité jusqu'à l'indifférence actuelle. Et les films de Pierre Perrault n'ont pu empêcher le référendum perdu de 1980 ni la fadeur du Parti québécois et le désintérêt de la population pour la question nationale.

Cependant, Perrault, contre vents et marées, a poursuivi la même démarche entêtée, buté et muré dans son indéfectible croyance en ce pays à bâtir «avant la nuit».

Une douzaine de films, une pièce de théâtre, une œuvre poétique considérable, des essais sont autant de balises qui rendent son parcours exemplaire et en font un témoignage très révélateur sur trente ans de la vie idéologique et politique québécoise, telle que rêvée, vécue et éprouvée par un individu représentatif d'une partie au moins de sa génération et de son groupe social.

Pour cette raison, il m'a semblé important de savoir où il en était dans ce Québec de la fin des années quatre-vingt.

Je voulais dépasser la simple alternative du doute et du désenchantement, aller au-delà de son désarroi circonstanciel, pour essayer de dire à travers son aventure ce qu'il en est du Québec aujourd'hui, ce qu'il en sera peut-être demain, à un moment où nos mémoires sont si courtes. Car, si une ère du Québec s'achève, si un pan d'histoire s'effondre, c'est aussi l'espoir d'une autre aventure qui fait surface, qui est à inventer.

Voilà pourquoi tout commence dans la brume d'un petit matin de février, accrochée aux pas du chasseur, dans le bruit des raquettes en lutte avec la neige glacée, dans la rumeur des branches gelées, sur les pentes touffues du mont Shefford.

C'est le beau projet de ce livre qui prend la suite du film et s'inscrit dans les traces du chasseur, en sillage dans la neige lourde et se confond avec la course du lièvre.

Car le film également s'est construit comme une trace au fil des signes accumulés, recueillis, patiemment dénombrés jusqu'à constituer pistes et hypothèses. Sans doute est-il le récit de nos propres courses dans les bois d'Acton Vale quand Pierre me vantait le pays dans l'éloquence de l'hiver.

J'aimais bien peu, je l'avoue, le poids du fusil, l'incertitude des raquettes et l'idée du lièvre à abattre au beau milieu de sa course nomade. Mais j'ai bien vite découvert qu'au-delà du partage du gibier le soir à la table de fête, il y avait chez Pierre, au bout de cette folle poursuite, la profonde nécessité de se mesurer au territoire et à lui-même.

Il y avait dans cet immense besoin de quadriller le paysage, de traquer l'animal fabuleux, d'être aux aguets, de ne jamais rester en repos, la même inquiétude, la même urgence, la même nécessité que déterminent chez lui le fait de filmer ou l'acte d'écrire.

Lorsque nous avons choisi de travailler ensemble[3], sur les traces de Jacques Cartier, de Saint-Malo à Québec, en passant par la basse Côte-Nord et l'île aux Coudres, j'ai éprouvé le même sentiment que lors de nos courses de chasse : la même impatience, la même tension, la même présence inquiète d'une incroyable énergie retenue et ce sens fascinant de la battue, de l'affût et la patience du guet.

Aussi ai-je nommé le film : *les Traces du rêve.*

Mais entendons-nous à propos de ce titre : il ne s'agit pas de cette faculté de rêver qui est le propre de ceux qui sont trop timides ou... trop paresseux pour affronter le réel, mais plutôt de l'insistance

---

3. *Jacques Cartier, le voyage imaginé*, une série de treize émissions radiophoniques d'une heure, produites par Radio-Canada et Radio-France, en 1984.

impérieuse d'un idéal qui alimente l'œuvre et la démarche de Pierre Perrault dès ses débuts à la radio, en poésie, puis au cinéma. Car personne n'est peut-être en son for intérieur aussi conscient que lui — avec autant de bienveillance et si peu d'amertume — de l'écart qui existe entre la réalité et le possible, que ce soit à propos d'un cinéma qu'il a rêvé en dehors des sentiers de la lourde machine fictionnelle et des imaginaires cosmétiques ou à propos d'un pays qu'il nomme parfois «Québécoisie», qui pourrait être le fait de ce peuple «qui ne se soupçonnait même pas». Le film traque cette aventure, le livre la commente, de soupçons en signes, de projets en rêves, de questionnements en inquiétudes, aux portes d'un temps qui s'achève.

C'est pourquoi, dans les pas du chasseur, en ce petit matin d'hiver et de brume légère, il y a des pistes qu'il ignorait lui-même et, peut-être, la trace de nos propres rêves...

Ouverture

Ainsi commence le film; la première image est presque une page blanche. À peine distingue-t-on la présence de la forêt à travers la brume, au lever du jour sur les pentes du mont Shefford, à l'entrée des Cantons de l'Est.

Une ombre en mouvement se détache légèrement. La présence du chasseur se laisse deviner; le pas des raquettes dans la neige et la respiration haletante de l'homme envahissent l'espace sonore; la musique naît de leur rythme, soudaine, irréelle[1].

Le bois touffu et son fouillis de branches se font plus présents. L'ombre du chasseur se précise en silhouette, puis se dessinent la masse brune du corps et le visage. L'homme, fusil en main, écarte les branches et rompt l'immobilité des arbres. Il s'engage enfin dans un petit taillis. Tandis qu'il disparaît presque complètement, en lutte avec l'inextricable fardoche, on entend, mêlé à la musique qui s'est emparée de l'effort du chasseur, ce texte, lu comme en exergue et dédicace à la fois :

> *Qui a jamais pénétré à l'intérieur du rêve,*
> *marchant debout dans cette caverne de l'âme [...]*
> *qu'il nous dise ce qu'il a vu!*

---

1. De la musique de Francis Dhomont il faut dire que, par le talent de la composition électroacoustique, elle déjoue la fiction et se joue du réel. Elle est un jeu croisé entre l'univers des sons réels qui imposent leur trame et la prise en charge dramatique que crée la musique prise à sa source. C'est l'épopée saisie à sa naissance; elle émerge ainsi des bruits et s'en empare, tout naturellement, croit-on.

«Qui a jamais pénétré à l'intérieur du rêve...»

Car la neige ne va pas sans obscurité! Et l'espace
et la distance n'appartiennent pas en propre aux
chasseurs dévorés par le temps ralenti par le froid
[...] et la raquette la plus rapide et la plus parfaite
ne traverse qu'un lac à la fois et elle peut bien
avoir pris la mauvaise direction.
Tandis que le rêve affranchi des espaces peut
mener le chasseur jusqu'à des pays qu'il n'a pas
prévus, imposés par le sommeil ou l'extase [...].

L'homme émerge du taillis, visage en sueur et souffle
court. Il s'apprête à franchir un petit fossé. Au bas de
l'image se lit l'origine du texte cité :

Pierre Perrault, *Toutes isles,*
Éditions Fides, Montréal, 1963

et tombe l'anonymat du chasseur. Il est au premier plan.
Le brouillard forme une espèce d'écrin qui le dessine
clairement, veste de chasse en toile brune, large pantalon
verdâtre. Dans la main gauche, la carabine légère découpe
un parcours imaginaire dans le touffu du bois. Il traverse

le chemin puis s'enfonce dans la brume ouatée qui recouvre à nouveau la silhouette des arbres.

Le générique apparaît sur ces images, lettres jaunes, sur la mouvance du fond blanc :

Un film conçu et réalisé
par JEAN-DANIEL LAFOND
monté par BABALOU HAMELIN
photographié par MARTIN LECLERC

La silhouette du chasseur au loin semble se figer un instant, prête à se fondre dans la forêt. Un court silence. Sur le paysage immobile une main invisible écrit soigneusement le titre :

Les traces du rêve

La caméra s'élève doucement le long des bouleaux raidis de froid, comme pour percer le mystère de cette course. Le titre disparaît, on lit :

avec Pierre Perrault,
cinéaste, poète et Québécois

La cime des arbres griffe timidement le blanc du ciel. Dans le silence revenu, on entend la voix de Pierre, comme une confidence.

Voix de PIERRE PERRAULT

Je sais que quand je vais à Cannes, je sais que je ne suis pas à ma place...

Sur ces mots, brusquement s'installe la nuit. La nuit électrique d'un lent travelling le long de la Croisette légendaire à Cannes : ombres des palmiers découpées par le scintillement des panneaux lumineux des annonces de films, fausse obscurité balisée par la multitude des enseignes bigarrées, Carlton, Grand-Hôtel, Palais des Festivals. Et cette sourde rumeur qui envahit la bande sonore où se mêlent le frémissement de la mer et les murmures d'une foule invisible que le traitement électroacoustique accentue.

Voix de PIERRE PERRAULT, *qui continue.*
Ça me met mal à l'aise quand je me retrouve à côté de Serge Gainsbourg, je sais que ça n'a aucun sens; j'ai cru un bout de temps, à l'époque de *Pour la suite du monde,* que je pouvais faire voir ce que j'avais à faire, mais maintenant, j'ai admis que non. J'ai admis que ce que je fais, c'est de l'ordre d'une espèce de recherche.

La caméra s'arrête sur la façade de l'ancien Palais : une banderole annonce la «Quinzaine des réalisateurs»; au-dessus de l'auvent, une forêt de néons clignotent un instant et se figent alternativement en un curieux ballet asynchrone. Ce sont les signatures des cinéastes qui ont reçu les honneurs de la «Quinzaine» depuis ses débuts : la marque du succès inscrite au fronton du temple du cinéma en quelque sorte; la signature de Perrault en est absente.

Turbulences :
c'est la vie qui improvise...

En vingt années de cinéma, Pierre Perrault est allé à Cannes au moins à quatre reprises. Ce qui n'est pas mal pour quelqu'un qui dit détester profondément ce «grand carnaval» et ce «musée des horreurs». Aussi faut-il le soupçonner de jouir tout particulièrement de sa présence anachronique à l'intérieur de la grand-messe du cinéma et des médias, puisqu'il y retourne même s'il est convaincu d'avance de la vanité de la démarche. À moins qu'il ne garde au fond de l'âme le secret espoir d'ajouter à la reconnaissance de son entreprise singulière plus que le succès d'estime.

En mai 1983, il attendait, fébrile, dans le grand hall du nouveau Palais des festivals, que commence la projection de son dernier film, *la Bête lumineuse*. Je savais pertinemment qu'il en espérait le succès auprès de la critique. La salle était pleine et Pierre ne soupçonnait pas qu'à la fin de la séance il ne resterait plus que 500 des 2 000 spectateurs initiaux.

Nerveux, faussement débonnaire, il répondait aux questions de Minou Petrowski, au micro de Radio-Canada.

Minou Petrowski. — *Comment tu te sens à Cannes?*

Pierre Perrault. — C'est un mauvais moment à passer, c'est pas la mort d'un homme; mais je ne me sens pas à ma place. Je ne fais pas un cinéma qui se montre, qui se fait voir. Je suis un peu comme une pucelle dans un monastère. Ici, c'est une immense cathédrale [...]. Les hommes et les femmes sont exorbitants; moi, je cherche à faire le contraire [...]. Ça me gêne qu'on parle de films faits par Pierre Perrault. Ce sont des films faits ensemble. Je ne suis qu'un artisan. J'essaie de faire en sorte que les gens soient présents dans leur vie... que l'homme se rencontre lui-même... ce n'est pas ma place ici.

Minou Petrowski. — *Tu n'es pas un homme de compromis...*

Pierre Perrault. — J'ai été chanceux dans ma vie... mais j'ai payé pour cette volonté de dire ce que je croyais devoir dire de l'homme québécois. Aujourd'hui ma conviction devient ma propre substance. C'est comme un grand amour...

Il dit qu'il ne fait pas de cinéma. Il fait pourtant des films qui laissent difficilement indifférent, au Québec et ailleurs.

Cas particulier : il tourne depuis plus de vingt ans dans son pays, et là seulement. Quand il le quitte, c'est pour mieux continuer à le filmer. Il tourne des chroniques de paroles et d'espace où les mots font image et où les images se font au «film» des mots.

La terre à travers les paroles se nomme un peu au détour des personnages qui la colorent et qui l'habitent.

Pas de décor, pas de studio, pas de «casting» : «le vécu seulement» dit-il, et... depuis plus de vingt ans, l'Office national du film, qu'il n'a jamais quitté et où il a trouvé la liberté d'un auteur indépendant dans la quiétude de la fonction publique canadienne. C'est un fait assez rare dans le cinéma pour qu'il soit souligné, la continuité dans son travail étant largement tributaire de cette situation aussi exceptionnelle que privilégiée.

Malgré qu'il dise tout ignorer du cinéma, ses films prouvent une parfaite maîtrise du langage cinématographique, une rare habileté à construire une ligne dramatique, à faire du moindre récit une épopée, à tel point qu'il constitue le cas presque unique dans le cinéma direct québécois d'un cinéaste présentant une œuvre parfaitement cohérente dans ses thèmes, dans sa progression stylistique et dans le développement de sa vision du monde.

Pierre Perrault se situe entre l'épopée à la Dickens et le monologue intérieur à la Joyce. En ce sens il est le protagoniste passionné — et caché — de tous ses films.

Il répète comme une profession de foi : «Je refuse de faire jouer à ceux que je filme autre chose que leur propre rôle. Les personnages sont libres, libres de leur parole, dans une situation qui leur appartient, dont ils sont les maîtres.»

Comme si les personnages avaient engagé le réalisateur et lui avaient fixé leurs conditions; car ils s'imposent à lui. Le tournage n'appartient plus au cinéma, qui ne doit être là qu'au bon moment, et guetter, tel un chasseur, ce qu'il y a de plus précieux à saisir. Les scènes ne sont pas «pré-vues», les dialogues ne sont pas écrits, ce sont les «acteurs» qui dirigent le cinéaste en somme, «c'est la vie qui se scénarise elle-même».

> Tandis qu'au fronton de l'ancien Palais les néons de la gloire continuent à clignoter dans la nuit, Pierre poursuit son monologue.

Voix de PIERRE PERRAULT

C'est presque des notes que je devrais peut-être utiliser plus tard, des esquisses de quelque chose; je ne sais pas très bien comment me définir, mais je sais que je ne fais pas partie de la Croisette, que je n'ai rien à voir là, que les gens vont peut-être prêter l'oreille curieusement, cinq minutes, mais ils ne sont pas là pour ça. Donc, moi, je ne suis pas à ma place...

> Gros plan sur la signature en néon de Gilles Carle. Elle clignote rapidement et se fige avant de disparaître. Même jeu avec celle de Jean-Pierre Lefebvre puis avec celle de Jean-Luc Godard.

Voix de PIERRE PERRAULT, *qui poursuit.*

Si le succès était la valeur par laquelle je juge mon travail, évidemment, ou bien je changerais de façon, ou bien j'abandonnerais.

> Une musique disco éclatante chasse la voix de Pierre. Le soleil succède à la nuit. Aveuglant. Gros plan sur les claviers des synthétiseurs que manipule un tout jeune homme, presque un adolescent. Attroupement. L'image s'élargit. On découvre la terrasse du bar Festival, puis la Croisette en plongée, la foule grouillante et bariolée, les drapeaux multicolores, les palmiers et la baie au loin.
> Au brouhaha de la rue, à la musique syncopée se mêle la voix de l'animatrice d'une station de radio qui a installé son studio à tous vents sur la plage matinale, quand le soleil dévoile les poitrines parfaites des starlettes et illu-

mine la blancheur des yachts ancrés à proximité des regards badauds.

Pierre Perrault en tenue de festivalier.

Voix de l'ANIMATRICE

Pierre Perrault, bonjour! Merci d'être venu avec nous sur la plage du Grand-Hôtel...

Vous avez débuté comme écrivain à Radio-Canada... ensuite, un premier long métrage avec Michel Brault...

Comment vous vient l'idée d'un scénario?

> Comme si les images se déréglaient au rythme des questions convenues qui font ces entrevues de circonstance, on découvre tour à tour par une suite de gros plans rapides : l'animatrice, souriante mais tendue, Pierre Perrault en tenue de festivalier, chemise de toile légère entrouverte sur la poitrine, une autre animatrice, blonde, qui fixe Pierre attentivement, avec un sourire ironique.

Voix de Pierre Perrault

Il n'y a jamais de scénario.

Voix de l'Animatrice, *étonnée*.

Il n'y a jamais de scénario?!

Voix de Pierre Perrault

Il y a une idée de film et *c'est la vie qui se scénarise elle-même...* elle n'a pas besoin de moi...

> Gros plan sur la poitrine dénudée magnifiquement épanouie d'une jeune femme offerte, sur la plage, aux regards et aux caméras.

Voix de l'Animatrice blonde

Alors, vous tournez vos films en improvisant constamment?

Voix de Pierre Perrault

Bon, c'est pas moi qui improvise, c'est la vie qui improvise!

> Au loin sur la baie, au-delà des corps bronzés soigneusement calibrés, il y a un bateau blanc, immobile et silencieux.

Turbulences :
la projection comme désastre

La cabine de projection, c'est le lieu ultime du film : son point d'aboutissement et de consommation inéluctable. Il est assez émouvant de voir ici Pierre tenter d'intervenir en désespoir de cause une dernière fois sur la réalité matérielle de son film.

Il a repéré une rayure dans la première bobine. Il s'est procuré une nouvelle copie et propose au projectionniste de remplacer la mauvaise par la bonne. Mais le bruit des machines transforme la tentative en dialogue de sourds. Le film est devenu un objet symbolique dont la consommation est désormais fatale : le temps de la projection s'installe, il n'est plus possible d'intervenir dans l'ordre des choses.

Là, dans le tumulte des projecteurs, dans l'oubli des multiples problèmes pratiques qu'il a fallu résoudre pour «faire» ce film, la projection absorbe le processus de production. Définitivement. Et happe au passage ce qu'il est bien convenu d'appeler «l'Auteur», son projet et son «vouloir-dire».

La mise en écran est une mise en pièces, littéralement, à laquelle le cinéaste assiste, impuissant, rejeté dans l'ombre, condamné à poursuivre une parole schizophrénique, à retrouver les traces de ses propres rêves, comme ultime recours.

> À l'intérieur de la cabine de projection de la salle Debussy, dans le grondement des machines, le projectionniste surveille d'un œil la salle par son hublot et s'apprête à commencer la séance. Pierre, appuyé sur le dos du gros projecteur, s'inquiète.

PIERRE PERRAULT

On devrait jamais projeter des films; c'est toujours un désastre...
hein? (Il quête l'approbation du projectionniste qui le regarde étonné
et ne semble pas comprendre. Le souffle du système de ventilation
des projecteurs accentue l'absurdité de la situation.) Non?... Là,
vous essayez un autre film?

LE PROJECTIONNISTE

Comment?

PIERRE PERRAULT, *haussant la voix.*

Vous faites un essai sur un autre film?

LE PROJECTIONNISTE

Non... non... on est prêt à la projection, là...

PIERRE PERRAULT, *inquiet.*

C'est *la Bête lumineuse* qui est là?

LE PROJECTIONNISTE, *impassible.*

Oui... Oui...

PIERRE PERRAULT, *résigné.*

Donc, il n'y a rien à faire... C'est parce que la première bobine est
rayée... J'aurais voulu la changer, mais c'est trop tard...

> LE PROJECTIONNISTE, *on entend le début de sa*
> *réponse. La suite est couverte par le*
> *démarrage du projecteur puis par le*
> *son de la salle où une voix féminine*
> *présente le film qui va commencer.*

De toute façon, on peut pas démarrer maintenant, faut attendre...

> PIERRE PERRAULT *tente une dernière fois de le*
> *convaincre.*

L'idée, c'est qu'on a constaté tout à l'heure que la première bobine
était rayée tout à fait dans le côté du cadre...

> Mais la voix de la présentatrice domine. La salle est pleine,
> immense, le public attend. Pierre, dans la cabine, est
> vaincu par la fureur du projecteur et cède le terrain au
> cinéma. Sur ses lèvres on lit, comme dans un film muet :
> *Y a plus rien à faire.* Clairement.

Voix de la Présentatrice

Mesdames et Messieurs, bonjour. *Un certain regard* vous remercie d'être présents et vous propose aujourd'hui le film du réalisateur canadien Pierre Perrault, *la Bête lumineuse*. Merci. Bonne projection!

> La projection commence. La salle s'éteint lentement. Trop lentement. Un spectateur crie : «Éteignez la bête!» et apparaît le titre : *la Bête lumineuse*. À l'écran une auto s'avance, haute et large; c'est un véhicule «tous terrains» dont les chasseurs raffolent. Un panache d'orignal est planté en trophée sur son toit. L'auto traverse la largeur de l'écran. Sur le bas-côté de la route la caméra fixe un rocher sur lequel est peint naïvement, au milieu d'un paysage forestier, l'orignal, celui des légendes et des histoires de chasse dans nos pays nordiques. Sur cette image, on entend la voix de Bernard L'Heureux, cuisinier de son métier mais chasseur de son état, et maître incontesté de la chasse dans le film de Perrault : c'est lui qui d'emblée en explique le sens et l'enjeu.

Voix de Bernard L'Heureux

C'est quoi tuer un orignal? Pour commencer, tu le suis, tu l'approches, tu l'étudies, pis tu le traques, pis tu le tires... C'est le même scénario qui se reproduit le soir... Tu te ramasses au campe, pis là t'arrives, pis tout d'un coup à un moment donné, il y a quelqu'un qui va s'avancer sur quelque chose, pis qui va prendre la parole; ben, tu le laisses aller, pis là tu lui donnes du câble, pis là tout le monde s'occupe de son cas!

> Sur l'écran, au dernier matin de chasse, Bernard tire la leçon de la chasse. Calmement, pour en expliquer la raison sans raison, pour, écrit Perrault dans le récit de son film[1], «expliquer l'inattendu, comprendre l'inexplicable, dire l'indicible». Tandis que dans la cabine de projection, dans l'inextricable et l'inévitable du cinéma, Pierre est condamné à assister, impuissant, au défilement de l'image rayée, dans le fracas du projecteur.

---

1. Pierre Perrault, *la Bête lumineuse*, Montréal, Éditions Nouvelle Optique, 1982.

Le film est là-bas, quelque part devant le rayon lumineux qui porte l'image et la parole éclatante de Bernard, dans un aval abstrait qui lui échappe.

Reste l'amont secret du vouloir-dire, caché peut-être dans les mots de Bernard le chasseur et qui ressemble déjà à un aveu du cinéaste Perrault : «Pour commencer, tu le suis, tu l'approches, tu l'étudies, pis tu le traques, pis tu le tires […].»

Pour moi, la formule était limpide. L'invitation était claire. Il restait à chausser les raquettes et à prendre le bois dans les pistes de Pierre Perrault, cinéaste et chasseur.

Le cinéma allait faire le reste.

«Pour commencer, tu le suis, tu l'approches, tu l'étudies, pis tu le traques, pis tu le tires…»

PREMIÈRE PARTIE

Portrait du cinéaste
en chasseur

*La chasse, c'est l'endroit
où celui qui prend la parole
se jette dans la gueule du loup.*

Pierre PERRAULT,
à propos de *la Bête lumineuse*,
décembre 1982.

La Bête lumineuse est sans doute le film qui «dit» le plus Pierre Perrault, qui le «récite» littéralement à travers cette histoire de chasse et de chasseurs à la langue drue et aux bottes lacées. Et, en ce sens, le livre qu'il a tiré du film est très révélateur : écrit comme une dramatique, il développe un rapport très projectif avec ses personnages, auxquels il attribue des intentions et une vie psychique qui sont en réalité le miroir de ses désirs et de ses états d'âme. Ainsi à la page 136, tandis que Stéphane-Albert et Maurice attendent l'orignal :

> «L'image retourne vers Maurice qui soupire... d'impatience... d'anxiété... comme quelqu'un qui se trouve au seuil du possible... sur la corde raide de l'attente... sur le point de basculer dans son propre rêve et de le prendre pour la vie sans se tromper tout à fait.»

Ou bien un peu plus loin :

> «L'image s'agrandit pour accueillir Stéphane-Albert qui rit dans sa barbe, cherchant toujours à garder à l'espérance sa part de silence... comme si le Dieu ne venait pas ailleurs que sous les voûtes de la dévotion.»

Confronter Pierre à ce film, au cinéma, à la chasse et à ses personnages me semblait constituer une première évidence pour qui veut «pénétrer à l'intérieur du rêve».

En effet, pour comprendre son cinéma, son itinéraire poétique et intellectuel, il faut accompagner Perrault dans le bois et chasser avec lui le lièvre blanc sur la neige trop blanche.

Premier constat : sa supériorité de daltonien qui lui fait distinguer le lièvre dans le dégradé des blancs avant même que vous ne le soupçonniez. Deuxième constat : son parcours dans le bois, sa manière de découper le territoire, de suivre ou d'abandonner une piste, d'imaginer l'animal dans sa course, sont à l'image de sa quête cinématographique. Ainsi tout lièvre est tour à tour blanchon, le dauphin de l'île aux Coudres, la bête lumineuse de Maniwaki ou l'indicible Jacques Cartier d'un fleuve innommable.

Donc, plus qu'une métaphore, la chasse dans l'œuvre de Perrault constitue l'algorithme concret et visible de son mode de pensée, une espèce de mise à plat de sa géographie mentale, une indication fondamentale sur sa vision du monde.

C'est un schéma essentiel pour qui veut comprendre ce qui se cache derrière ses bravades «donquichottesques» contre les moulins à vent du cinéma-cinéma, dans le brouhaha mondain des festivals, où il vient chercher les raisons de son combat et justifier sa quête solitaire et marginale.

D'un côté, Perrault affronte Cannes et le regard critique avec la projection de *la Bête lumineuse;* de l'autre, il est convoqué dans le bois pour rencontrer au petit matin deux des personnages qu'il a pris au piège de la chasse et du cinéma dans son propre film : Stéphane-Albert Boulais, poète et professeur de cinéma, et son acolyte, Maurice Chaillot (qui fut aussi l'intellectuel du film *Un pays sans bon sens* en 1969).

> Pierre, à l'orée du bois, retrouve ceux qui, d'une certaine façon, furent une fois au moins les victimes de sa chasse et de son cinéma, et qui restent néanmoins ses amis…
> On le voit de dos, imposant, immobile, bien ancré sur ses raquettes. Il tient sa carabine par le canon, improvisant un sceptre trivial à demi enfoncé dans la neige.
> Roi incontesté de ce lieu familier, il emplit de son rire le bois, comme une invitation. Il va interpeller Maurice qui, le premier, émerge entre les arbres.

> PIERRE PERRAULT

Marche, marche… Je ne vois pas le moindre petit Stéphane-Albert derrière toi!

> STÉPHANE-ALBERT BOULAIS, *à demi caché par le fouillis des arbres.*

Hé! Maurice, il y a des pistes ici…

MAURICE CHAILLOT

Ben, ce sont les pistes de Pierre…

STÉPHANE-ALBERT BOULAIS

Non, non, ce sont des pistes de lièvre…

MAURICE CHAILLOT

Viens, Stéphane.

STÉPHANE-ALBERT BOULAIS

J'arrive.

PIERRE PERRAULT, *ironique.*

À cette vitesse-là, Stéphane, tu vas pas rejoindre un lièvre à la course…

STÉPHANE-ALBERT BOULAIS, *prenant Maurice à témoin.*

Non, mais je suis ses pistes…

MAURICE CHAILLOT, *corrigeant.*

Mes pistes sont plus vites que ça, moi!

STÉPHANE-ALBERT BOULAIS

Regarde, toi, t'es juste là, moi, je coupe… Oh, merde! J'ai perdu ma raquette…

PIERRE PERRAULT, *riant.*

Veux-tu que je te couvre? (C'est la proposition que fait Stéphane-Albert à Maurice, dans *la Bête lumineuse*, au cours d'un affût à l'orignal qui s'achève en farce.)

STÉPHANE-ALBERT BOULAIS, *qui a reconnu l'allusion.*

Non, non! (Il rit tout en cherchant à récupérer sa raquette.) Pour moi, c'est pas des bonnes raquettes que j'ai prises…

PIERRE PERRAULT

T'es peut-être mal attelé!

MAURICE CHAILLOT, *moqueur.*

Ah! y va blâmer ses raquettes!

STÉPHANE-ALBERT BOULAIS, *qui avance tant bien que mal.*

Tu vois Pierre… je ne marche que dans mes propres pistes!

MAURICE CHAILLOT, *qui s'apprête à rejoindre Pierre.*

Moi, je voulais suivre tes pistes, il me dit : «Un grand homme marche dans ses propres pistes!»

STÉPHANE-ALBERT BOULAIS, *qui vient de perdre définitivement une raquette.*

Regarde ce que ça donne un grand homme!

Voix de MAURICE CHAILLOT

Un grand homme... marche sur ses raquettes aussi!

STÉPHANE-ALBERT BOULAIS, *en silhouette, il avance en boitant dans la neige trop épaisse.*

Effectivement, j'arrive! (En désespoir de cause, il prend sa raquette défaillante et s'en sert comme d'une canne.)... j'arrive!

On entend le rire de Pierre, comme celui d'un enfant.

«Marche, marche... Je ne vois pas le moindre petit Stéphane-Albert derrière toi!»

Un maudit beau succès!

Voici que la chasse convoque le rêve ancien : le rêve d'un cinéma qui inscrirait sa nécessité dans le cours d'un fleuve, dans l'immensité d'un territoire, dans la parole des hommes et des femmes de ce pays.

Mais qu'en est-il aujourd'hui de ce «cinéma du vécu» que Perrault, il y a plus de vingt ans, rêvait d'établir contre la fiction?

> «Ainsi, quand Perrault critique toute fiction, c'est au sens où elle forme un modèle de vérité préétablie, qui exprime nécessairement les idées dominantes ou le point de vue du colonisateur, même quand elle est forgée par l'auteur du film. La fiction est inséparable d'une ''vénération'' qui la présente pour vraie, dans la religion, dans la société, dans le cinéma, dans les systèmes d'images. Jamais le mot de Nietzsche, ''supprimez vos vénérations'', n'a été aussi bien entendu que par Perrault[1].»

Est-ce si facile de supprimer nos vénérations quand, dans le cinéma-industrie, la vénération devient le moteur et le gage du succès? Cannes, c'est aussi cela et Perrault le sait depuis plus de vingt ans.

---

1. Gilles Deleuze, *Cinéma 2, l'Image-Temps*, Paris, Éditions de Minuit, 1985.

Fallait-il en 1983 la projection de *la Bête lumineuse* dans la sélection *Un certain regard* pour le convaincre que son royaume est dans le bois?

En noir et blanc, les images de 1963 nous rappellent que les choses n'ont pas vraiment changé. Les mêmes drapeaux flottent au fronton du Palais des festivals, c'est le même potlatch saisonnier avec ses grandes dévotions et ses petits sacrifices, la même fête rituelle avec ses élus et ses exclus, que la critique apporte ou remporte.

CANNES 83
La bête lumineuse
laisse indifférent

■ CANNES — *La bête lumineuse* de Pierre Perrault n'a pas ébloui le public de Cannes. Présenté dans l'auditorium Claude-Debussy du nouveau palais, une salle de 1 000 places, ce documentaire sur un groupe de chasseurs n'a réussi qu'à retenir le quart des spectateurs qui s'étaient rendus à la projection d'hier après-midi.

LUC PERREAULT
envoyé spécial de LA PRESSE

Selon le délégué de l'ONF à Paris, Marc Parson, la projection fut cependant marquée par deux pannes de son qui n'ont pas facilité les choses, en particulier la dernière, survenue à quatre minutes de la fin. Par contre, la copie projetée à Cannes comportait des sous-titres français. Un détail qui, normalement, aurait dû rendre le film plus attrayant, en particulier pour le public francophone.

« Ce film ici, d'expliquer le critique français Louis Marcorelles, c'était une gageure ... »

Fervent admirateur de Perrault, Marcorelles a animé un débat à la suite de la projection dans la salle des conférences de presse. Elle m'avait paru petite samedi. Hier, elle m'a semblé, ·au contraire, immense : seulement une vingtaine de personnes y avaient pris place.

L'échec de cette projection, de même que l'atmosphère générale qui règne cette année à Cannes, indiquent bien qu'il n'y a plus de place dans ce festival pour le cinéma qui tient un discours différent de la réalité.

« Il y a un refus, a conclu pour sa part Louis Marcorelles, d'écouter le cinéma qui parle un autre langage. »

La Presse, Montréal, 10 mai 1983.

«Il n'y a plus de place dans ce festival pour le cinéma qui tient un discours différent de la réalité.» Le constat est clair, mais la raison en est sibylline. Qu'est-ce donc que ce «discours différent de la réalité» qui laisse le public indifférent devant la projection de *la Bête lumineuse*? Le critique montréalais se fait discrètement fataliste et cède le terrain à l'infatigable Louis Marcorelles qui, depuis plus de vingt-cinq ans, défend avec une indéfectible ténacité, à ses risques et périls, ce «nouveau cinéma» sans gloire aujourd'hui. Louis fut un des rares critiques à suivre, dès ses débuts, l'aventure québécoise du cinéma direct. Il se plaît à rappeler que le premier papier qu'il écrivit autour de 1962 pour *France-Observateur* était issu de sa rencontre avec Leacock, Brault et Perrault. D'emblée il jeta alors un pont entre l'Hollywood à son zénith, celui de Capra, de Borzage, de Vidor et ces Québécois marginaux du cinéma direct qui, d'une certaine façon, lui firent découvrir une autre Amérique.

> «Cette mise en abîme permanente de notre réalité, cette chance et ce risque de confronter inlassablement des êtres humains à eux-mêmes, cette obligation morale grave qu'assument tous ceux qui les font parler et organisent plus tard leur parole, définissent au plus près les limites d'un art inconnu, d'un territoire presque vierge, où rien n'est jamais donné une fois pour toutes, ne va jamais de soi. Le réalisme est bien plus qu'une technique, quelle qu'elle soit : un choix, un engagement. Et derrière tout réalisme perce la folie douce des hommes, l'indispensable humour sans lequel nous piétinons trop de plates-bandes[2].»

Que restera-t-il de cette aventure du direct quand l'indifférence des modes lui aura servi de purgatoire?

Les drapeaux flottent toujours à Cannes sur le (nouveau) Palais des festivals. La mémoire a ses emblèmes en noir et blanc ou en couleur quand vient le temps de l'oubli et de la déroute.

---

2. Louis Marcorelles, *Écritures de Pierre Perrault*, Montréal, les Dossiers de la Cinémathèque québécoise, n° 11, 1983.

Voix de LOUIS MARCORELLES

Il y a exactement vingt ans, on présentait ici en compétition son premier film de long métrage *Pour la suite du monde*, qui avait été quand même assez remarqué même s'il avait dérouté une partie des spectateurs...

> Apparaît l'image d'un public attentif, nous sommes en 1983. La couleur nous le dit. À la tribune de la salle des conférences de presse du nouveau Palais, Louis Marcorelles s'adresse à Pierre, assis à ses côtés, en traçant un cercle imaginaire sur la table.

Voix de LOUIS MARCORELLES

Est-ce que pour toi, il y a une suite de *Pour la suite du monde* à *la Bête lumineuse?*... C'est une question un peu académique...

> Pierre, la voix mal assurée, ému ou harassé, comme si le fardeau de cette aventure était devenu trop lourd à porter, tente d'expliquer.

PIERRE PERRAULT

Je pense qu'il y a quelque chose de commun entre les deux films. C'est la bête... Dans un cas, c'était le dauphin blanc, dans le cas de celui-ci, c'est l'orignal... Il reste... il est certain que pour le Québécois, qui est encore assez proche de la nature... par la force des choses, les animaux ont une dimension à travers laquelle le Québécois essaie de s'incarner, de se signifier, de se dire...

> La conviction n'y est plus. Une certaine lassitude peut-être, plus qu'une démission, et le souvenir des images anciennes, comme si tout était encore à recommencer.
> Cannes, vingt ans plus tôt. Quand Perrault faisait son entrée officielle dans l'arène cinématographique à côté de ce prophète de l'image que fut et qu'est encore Michel Brault. Celui qui a su avec sa caméra volubile magnifier l'île aux Coudres, car si l'écoute de Perrault débusquait l'inconnu des mots, l'œil de Brault dévoilait l'indicible des choses.
> L'un et l'autre affrontaient Cannes pour la première fois, l'année où *le Guépard* de Visconti allait recevoir la palme d'or... Sur des images en noir et blanc de spectateurs quittant la salle du Grand Palais, on entend le commen-

taire de Pierre Nadeau, alors journaliste débutant à Radio-Canada.

Voix de Pierre Nadeau

Cannes, le 16 mai 1963; il est midi trente. Dans la grande salle du Palais s'achève la projection du premier long métrage canadien inscrit dans une compétition internationale, *Pour la suite du monde.* Les réalisateurs Michel Brault et Pierre Perrault sont dans la salle, attentifs aux réactions de ces spectateurs non prévenus...

> Vingt ans plus tard, Louis Marcorelles, embarrassé, interroge le public clairsemé de la conférence de presse de *la Bête lumineuse.*

Louis Marcorelles

Vous pouvez poser des questions; je pense que vous avez vu le film, tout au moins je pense qu'il y a des personnes qui ont vu le film, car il y en a un certain nombre qui sont sorties...

> Devant le silence de l'auditoire et à l'évocation des spectateurs qui quittent la salle, Pierre reprend.

Voix de Pierre Perrault

Il y a une autre ressemblance entre les deux films... c'est qu'il y a beaucoup de gens qui sortent autant à *Pour la suite du monde* qu'à *la Bête lumineuse...* mais je ne sais pas si c'est pour les mêmes raisons.

> À nouveau, en noir et blanc, les images du souvenir : Brault et Perrault en 1963, au cours de la conférence de presse de *Pour la suite du monde.* On se bouscule autour d'eux; ils sont jeunes, fougueux et bavards. On n'entendra pas leurs paroles, mais la voix de Perrault, vingt ans après.

Voix de Pierre Perrault

Les gens sortaient, pis y disaient: «Nous montrer ça, à nous, ces demeurés!»

> En écho, Pierre Nadeau, vingt ans plus tôt, micro en main, sur une terrasse de la Croisette, s'entretient avec le critique français Pierre Billard.

Voix de PIERRE NADEAU

Brault et Perrault me disaient tout à l'heure qu'ils ont été un peu déçus de l'accueil fait à leur film... Ils ont été déçus de voir que les gens quittaient la salle...

> PIERRE BILLARD, *sur un ton assuré et élégant, tout en saluant de la main un passant ou une passante que l'on imaginera hors champ.*

Honnêtement, il faut reconnaître que ce genre de film... qu'un film comme celui-là n'est tout de même pas destiné à une séance qui commence à onze heures du soir devant des gens en smoking et en robe du soir...

Succès mitigé du film La bête lumineuse

par PC et AFP

CANNES — Le film québécois "La Bête lumineuse", une histoire de machisme sur une chasse à l'orignal à Maniwaki, a remporté un succès mitigé chez les habitués du cinéma à sa première projection au Festival de Cannes, hier.

Présentée dans la section "Un certain Regard", la production de l'Office national du film dirigée par Pierre Perrault a rapidement perdu, selon certains observateurs, la majorité des 1,500 spectateurs qui étaient arrivés à midi dans la salle principale du Nouveau Palais des festivals.

Une panne de son qui avait interrompu la projection du film durant une dizaine de minutes, a fait fuir le reste de l'auditoire.

Si la presse de langue anglaise a rapidement renoncé au spectacle, tous les autres journalistes n'ont pas boudé leur plaisir devant un déluge verbal et des scènes qui rappellent aux Européens les peintures de Breughel, ont signalé d'autres observateurs.

Des amis d'enfance se retrouvent, près de Maniwaki au Québec, pour opérer un grand retour à la nature. Pendant tout le film, toutefois,

ces citadins ne retrouveront jamais spon-
tanément les codes et les règles des coureurs des
bois.

Chaque soir les hommes se retrouvent pour
discuter dans la cabane en rondins. Emportés par
l'idée fixe des chasseurs expérimentés, par un
usage sans modération du "rince-cochon" et par
les fanfaronnades, ils finissent par s'affronter
verbalement mais durement.

Le Soleil, Québec, 10 mai 1983.

«Nous montrer ça, à nous, ces demeurés!»

1985. Pierre Perrault raconte à Stéphane-Albert Boulais,
étonné, l'aventure de *la Bête lumineuse* à Cannes.

PIERRE PERRAULT

La Bête lumineuse, ça a fait pareil... *la Bête lumineuse*, ça a vidé
le Festival de Cannes... Vide! Il y avait 2 000 personnes... Aie!
C'était le deuxième film dans le nouveau Palais, le deuxième film
de la sélection... *Un certain regard* que ça s'appelle...

Un certain regard! Quelle belle expression et quelle belle terre d'accueil pour un cinéma qui prétend dire le monde autrement que dans la fiction habituelle! *Un certain regard!* La formule est trop invitante pour qu'on ne s'y arrête pas et je laisse le responsable de la sélection des films, monsieur Nadave Silber s'en expliquer devant un jus d'orange au bar flambant neuf du nouveau Palais tandis que se déroule la projection de *la Bête lumineuse* dans la salle Claude-Debussy.

NADAVE SILBER

Un certain regard appartient à la section officielle des films qui sont présentés à Cannes et qui font en partie le Festival de Cannes. Il y a un comité qui sélectionne tous les films, qui voyage pendant toute l'année en Europe, aux États-Unis et ailleurs… qui sélectionne un certain nombre de films. Mais ces films-là justement représentent essentiellement la quintessence de ce qu'est le pays. Un film canadien qui passe en ce moment représente vraiment le Canada, intrinsèquement le Canada, et ainsi de suite tous les pays qui sont représentatifs sont sélectionnés en ce sens-là.

Tandis qu'il parle de ce «film canadien qui représente vraiment le Canada», par montage nous «entrons» littéralement dans une séquence de *la Bête lumineuse*, celle ou les deux archers (Stéphane-Albert Boulais et Maurice Chaillot) attendent — du moins le croient-ils! — l'orignal, en compagnie de Barney, le guide amérindien. Ils sont postés sur une petite butte en clairière et fixent attentivement l'épaisseur du bois.

STÉPHANE-ALBERT BOULAIS, *chuchotant.*

Maurice, je te jure que si y sort, ça va être une fête à soir… dans l'shack[3].

Voix de MAURICE CHAILLOT, *très ému.*

Ah! maudit! oui! (L'image se tourne vers Maurice, déjà séduit, réjoui, ébloui par la victoire.) Y nous croiront jamais!

MAURICE CHAILLOT

Nous… les deux flèches! (Soupir, silence.)

---

3. *Shack* : mot québécois qui signifie «cabane» ou «camp».

Voix de STÉPHANE-ALBERT BOULAIS

Mais j'ai peur! (Maurice se tourne vers Stéphane-Albert.)

L'image retourne à Stéphane-Albert qui, malgré sa peur, convoque toute la force de l'arc, toute l'acuité des flèches à combler son désir. À accomplir la chasse.

> STÉPHANE-ALBERT BOULAIS, *il regarde, cherchant de toutes ses forces à faire sortir l'orignal de l'ombre, jusqu'à le voir, en réponse au cri de Barney.*

Il est là! Je le vois!

> MAURICE CHAILLOT, *se rapprochant de Stéphane-Albert tandis que Barney continue à imiter la femelle.*

Où ça?

> STÉPHANE-ALBERT BOULAIS, *désignant avec conviction un point dans le bois.*

Il est là!

> MAURICE CHAILLOT, *impatient et irrité de ne rien voir.*

Ben, où là?

L'image se porte de Barney aux deux archers qui regardent vers la forêt...

STÉPHANE-ALBERT BOULAIS

J'peux pas tirer... Y sont dans le bois... Il va sortir... Prépare-toi.
(Et Barney continue à appeler avec son cri de femelle.) Il s'en vient!

> L'image se porte de Barney aux deux archers qui regardent vers la forêt, cherchant à démêler le vrai du faux, leur désir de la réalité, puis revient à Barney, qui se tourne vers eux.

BARNEY

C'est un chasseur!

> Image de la forêt au bout du lac à foin. On ne voit rien encore. Des sons continuent de parvenir jusqu'aux chasseurs. L'orignal refuse de sortir.

Voix de STÉPHANE-ALBERT BOULAIS

C'est-tu Bernard?! (On entend la voix de Bernard.) Ah... le bonyeu!!!
(On ne voit toujours personne.)

> Image des trois chasseurs. Barney sourit. Maurice regarde encore dans la direction d'où viennent les sons, qui ne laissent plus de doutes. Stéphane-Albert se rend à l'évidence. Tout s'écroule.

STÉPHANE-ALBERT BOULAIS

Pis nous autres qui avaient peur comme deux sapés... la bête mythique!!! le panache!!! la bête lumineuse!!!

> L'orée du bois. La bête lumineuse sort du couvert sous la forme plutôt inattendue de Bernard qui roule sur lui-même à deux reprises et se retrouve étendu sur le sol.

BERNARD L'HEUREUX, *en roulant sur lui-même...*
triomphant à sa manière et criant.

Oh!!! Silver!!!

Voix de STÉPHANE-ALBERT BOULAIS

Hé!!! Vous êtes de beaux graves vous autres. (Il commence à perdre le sourire et à trouver la farce amère.) Hein!

BERNARD L'HEUREUX, *se relevant péniblement.*

Nous autres on n'est pas graves... on est saouls comme des boules...
Osti!

Voix d'un AUTRE CHASSEUR
Quelle sorte de graves vous voulez avoir?

BERNARD L'HEUREUX
On... est capables de marcher pareil!

Voix de STÉPHANE-ALBERT BOULAIS
Tu te penses intelligent... toué?!

BERNARD L'HEUREUX
Osti... (Il est debout. Stéphane-Albert, son arc à la main, s'approche de lui.)

STÉPHANE-ALBERT BOULAIS
Pis l'autre qui câlait!

BERNARD L'HEUREUX
Ah! L'autre qui câlait... il était capable... osti! (Et il s'écroule aux pieds de Stéphane-Albert entraînant dangereusement sa carabine dans ses pirouettes.)

STÉPHANE-ALBERT BOULAIS
Attention avec ça... toué... osti!

BERNARD L'HEUREUX, *se relevant une autre fois en vacillant.*
On va l'avoir... osti... Albert! (Et, aussitôt debout, il perd l'équilibre pour aller s'écraser un peu plus loin, ivre mort.)

STÉPHANE-ALBERT BOULAIS
J'ai rien à brailler mais je vous trouve pas mal... (Et il cherche le mot qui pourrait convenir.)

Voix d'un AUTRE CHASSEUR
Pas mal comment?

STÉPHANE-ALBERT BOULAIS
Fantoches! (Faute de trouver mieux.)

BERNARD L'HEUREUX, *étendu sur le dos, il remet ses lunettes.*
Ho! les becs!!!

L'image se fige sur la posture éloquente de cet orignal inattendu; ainsi se clôt la citation du «film canadien».

Monsieur Silber, devant son jus d'orange, impassible, justifie son choix, en toute candeur.

Nadave Silber

Ce film représente tellement le Canada[4] qu'il est difficile de concevoir cette immensité, ce côté écologique, ce côté... pas homme primitif, ni homme primaire, mais vraiment homme qui est né au Canada et qui a été élevé au Canada. C'est vraiment purement canadophile, canadien et tout...

> Deux ans plus tard, à la table du chalet familier, au soir d'une chasse amicale, Pierre conclut à sa façon son passage à Cannes en 1983.

Pierre Perrault, *à Stéphane-Albert, que l'on devine.*

Mon vieux, à la fin il restait... Il y avait 2 000 personnes, à la fin il en restait 500... C'est un maudit beau succès!

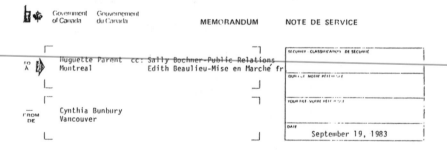

Government / Gouvernement
of Canada / du Canada   MEMORANDUM   NOTE DE SERVICE

TO / À : Huguette Parent   cc: Sally Bochner-Public Relations
Montreal   Edith Beaulieu-Mise en Marché fr

SECURITY - CLASSIFICATION DE SÉCURITÉ

FROM / DE : Cynthia Bunbury
Vancouver

DATE : September 19, 1983

SUBJECT / OBJET : THE SHIMMERING BEAST (LA BETE LUMINEUSE).

Shocked and stunned is how I would describe my response to an August 30th News Release from public relations informing me that this atrocious piece of moose crap (and it is no fault of the moose) is again entered in a legitimate and prestigious film festival. The fact that it is listed right alongside NARCISSUS and THE TIN FLUTE, BEYOND FORTY and KUBOTA (all of which, either through viewing or reviews, I believe are more than worthy of festival entry) makes the absurdity of this luminescent garbage all the more blatant.

What could have possessed the NFB Festival's office to once again lower itself to lend the least bit of credibility to this incredible reel of offal. After the fiasco at Cannes, would it not be evident that the Shimmering Bumblers is nothing but an "embêtement" for the Film Board?

---

4. «Ce film représente tellement le Canada...» avoue naïvement le responsable de la sélection à Cannes... Cet avis n'est cependant pas partagé par la responsable de la diffusion des films francophones de l'ONF à Vancouver. Il s'ensuit une note de service, qui se passe de commentaire.

It was my unfortunate experience to see this film during the Festival Maison in Montreal in May, 1982. It is one of the few films I have ever walked out of in real disgust. Having just joined the Board, and having as part of my responsibilities the promotion of French language films, I was terribly disheartened by this particular production.

I have shown this film (in French) to a number of co-workers and acquaintances, and none can find a single redeeming feature in the whole tedious mess.

I am no longer able to stomach the flagrant waste of Film Board funds on this outrageous trash. It is my strong recommendation that this film should be shot through the can as quickly and with as little effort as is due it to put us all out of its misery.

In earnest,

CB/jg

GOUVERNEMENT DU CANADA - NOTE DE SERVICE

À : Huguette Parent   cc : Sally Bochner - Relations publiques
    Montréal   Edith Beaulieu - Mise en marché fr.

DE : Cynthia Bunbury
    Vancouver   19 septembre 1983

OBJET : *La Bête lumineuse*

Atterrement et stupéfaction, telle fut ma réaction à un communiqué de presse des relations publiques daté du 30 août, m'informant que cet affreux bout de crotte d'orignal (et ce n'est nullement la faute de l'orignal) était inscrit une fois de plus à un véritable et prestigieux festival du film. Qu'il figure sur la même liste que *Narcissus, The Tin Flute, Beyond Forty* et *Kubota* (que, pour les avoir vus ou en avoir lu des critiques, je crois tous ultra-dignes d'être inscrits à un festival) ne rend que plus évidente l'absurdité de cette ordure luminescente.

Qu'est-ce qui a bien pu pousser la direction du Festival de l'ONF à s'abaisser encore une fois à prêter la moindre crédibilité à cette incroyable bobine de détritus? Après l'échec de Cannes, n'était-il pas évident que «les Gaffeurs lumineux» ne pouvait constituer qu'un «embêtement» pour l'Office?

J'ai eu la malheureuse opportunité d'assister à une projection de ce film lors du festival maison à Montréal en mai 1982. C'est l'un des rares films que j'aie vus dans ma vie dont je sois sortie profondément dégoûtée. Comme je venais tout juste d'entrer à l'Office et que l'une de mes responsabilités était la promotion des films de langue française, je fus terriblement désenchantée par cette production.

J'ai fait visionner ce film (en français) par plusieurs de mes collègues et connaissances, et personne n'a pu trouver une seule qualité réparatrice à cet ennuyeux gâchis.

Je ne peux plus digérer l'énorme gaspillage de fonds auquel se livre l'Office pour ce déchet révoltant. Je recommande fortement que ce film soit fusillé dans ses boîtes aussi rapidement et avec aussi peu d'efforts qu'il le mérite, afin que nous cessions tous d'en souffrir.

Sérieusement,

    Cynthia Bunbury.

Mais qu'allait-il faire sur
cette Croisette?

Il y a chez Pierre Perrault une ténacité, un sens du combat, une incroyable réserve d'énergie qui, tantôt forcent le respect, tantôt irritent, mais ne peuvent laisser indifférent.

Parfois, contre toute analyse réaliste de la situation, il s'entête à combattre comme il s'entête à sillonner le bois d'une fin de journée de chasse, livrant avec lui-même un combat secret plus qu'il ne poursuit le lièvre.

En 1983, à Cannes, son obstination à se battre contre tous les moulins à vent du cinéma était de cette nature. De toute évidence, il n'occupait pas vraiment la place qu'il cherchait dans cette grande parade médiatique, et il le savait, comme il savait sans doute qu'il y avait là peu à gagner et plus personne à convaincre. Il se prêtait cependant au jeu de toutes les questions avec je ne sais quel espoir de faire reconnaître une dernière fois sur la Croisette les vertus de ce cinéma, de faire partager sa tendresse pour ses personnages sans gloire, ses films sans héros, pour ses «vedettes» sans autre pedigree que leur appartenance à un pays sans nom...

Mais comment retenir l'attention quand James Bond attend, grandeur nature, à la porte du Carlton et quand Serge Gainsbourg accapare le monopole de l'aventure exotique et du look de l'homme des bois, quand les moindres rockers de Belleville chantent avec conviction le Bronx de leur enfance de bandes dessinées?

Il est fini le temps où la Croisette s'étonnait de ces Québécois de l'autre rive avec lesquels le cinéma français cousinait en mal d'Amérique. Il est fini le temps où Marie et Alexis Tremblay de l'île aux Coudres éclipsaient, l'espace d'une soirée, Marcello Mastroianni.

En mai 1983, à Cannes, les chasseurs de *la Bête lumineuse* font figure de «machos» surannés, de «beaufs ringards[1]», à quelques exceptions critiques près.

> Sur la terrasse du Carlton, où est installé le studio de Radio Télé Luxembourg, Patrick Sabatier reçoit Pierre Perrault dans son émission du matin. L'animateur vedette consulte ses notes tandis que Pierre attend, écrasé sur sa chaise; le regard narquois, il tripote sa tasse de café. Un signe de la technique et Sabatier ouvre son micro.

PATRICK SABATIER, *en ondes*.

Nous sommes toujours en direct du Carlton, ici, à Cannes, au premier étage, sur la terrasse…; dans quelques instants, Pierre Perrault nous parlera de *la Bête lumineuse,* mais auparavant : *publicité!*

> Sur une musique de clochettes, une voix convaincante vante les mérites et les vertus de la chicorée :

> «Pensez à la chicorée Leroux moulue, bien pratique pour ceux qui emploient le café moulu; pensez à la chicorée liquide Leroux 100 % pure, que chacun peut sucrer à volonté s'il le désire. (Pierre fait la moue en prenant sa tasse de café du bout des doigts, Patrick Sabatier glousse comme pour excuser ce détour obligé par les marchands du Temple…) Ces deux produits Leroux sont aussi deux trésors de bienfaits.»

> Et la musique se perd.

PATRICK SABATIER, *sur un ton triomphal*.

Alors Pierre Perrault, *la Bête lumineuse*, c'est salué comme un excellent film, comme un chef-d'œuvre… On vient de me montrer la critique du *Monde* : «C'est un moment unique de cinéma» dit-on…

---

1. *Beaufs ringards,* sous la plume du journaliste de *Cinéma 83*, cité un peu plus loin et annoté par Perrault, c'est l'insulte suprême et le classement définitif des personnages de *la Bête lumineuse* sous l'étiquette : réactionnaires, un peu fachos sur les bords, sexistes, racistes… Un beau cas de malentendu journalistique franco-québécois!

PIERRE PERRAULT, *en toute candeur.*

Le Monde peut se tromper…

PATRICK SABATIER, *pour relancer le propos.*

Le Monde peut se tromper, mais Pierre Perrault, pas!

PIERRE PERRAULT, *riant.*

Oh! si…

PATRICK SABATIER, *surpris.*

Si?

PIERRE PERRAULT, *tandis qu'une main réajuste son micro.*

Si, je me trompe souvent… Je me suis trompé tout à l'heure en répondant à ta question quand tu m'as demandé si j'avais vu le film de Gainsbourg… Comme il était à côté de moi, je n'ai pas osé dire que j'avais pas du tout envie de le voir; c'est pour ça que je ne l'avais pas vu.

> Tutoiement inattendu qui désarme Sabatier, peu familiarisé avec une bonhomie bien québécoise, que Pierre accentue en toute conscience, par provocation, comme le désarme la référence faite à la petite scène qui s'est déroulée un instant auparavant en présence de Serge Gainsbourg. L'aveu du mensonge chez Pierre est une ruse pour renverser la situation à son avantage. On s'en doute; son visage trahit le plaisir de celui qui savoure son coup. Par montage on découvre la scène à laquelle il vient d'être fait allusion. Perrault est assis entre Gainsbourg, avec lequel il n'échangera aucun regard, et la comédienne Valérie Mairesse, qu'il n'a pas reconnue.

PATRICK SABATIER

Alors, Pierre Perrault, est-ce que vous avez vu le film de Serge Gainsbourg?

PIERRE PERRAULT

Non, je n'ai pas vu le film de Serge Gainsbourg… parce qu'hier soir, j'étais encore sous l'effet de la projection ratée qu'on avait eue. Alors… je ne suis pas allé… voir le film.

> L'image se fige. Les personnes s'immobilisent sur le mensonge de Pierre. La rencontre n'a pas eu lieu.
> On retrouve le duo Sabatier-Perrault.

Patrick Sabatier

Mon métier de journaliste-animateur m'oblige à vous poser la question et à aller plus loin : «Pourquoi vous n'avez pas envie de voir le film de Gainsbourg?»

> Pierre Perrault *s'entête, se passionne, s'en-*
> *fonce dans sa démonstration et enfin*
> *s'emporte tandis que Patrick Saba-*
> *tier, un instant gêné par tant d'éclat,*
> *cherche dans l'assistance le secours*
> *d'un regard.*

Parce que moi je ne vais pas au cinéma, je n'aime pas ça voir des films de parade, des films qui essaient de scandaliser. C'est fait pour les enfants ça... Ça ne m'intéresse pas du tout... Y a des gens qui ont le droit de s'intéresser à ça; personnellement, je ne m'intéresse pas à ce genre de cinéma-là et, d'une certaine façon, je veux dire que je ne m'intéresse même pas au cinéma... et c'est pour ça que ce que je fais avec une caméra, c'est quelque chose de différent, qui n'a peut-être pas sa place tout à fait ici...

Au fond, ici, c'est la cathédrale du cinéma. Ici, toutes les idoles sont là, se promènent dans la rue, et des personnages comme les miens, les personnages de la vie, ils sont condamnés à quoi? À être des spectateurs.

L'image se fige [...]. La rencontre n'a pas eu lieu.

Tandis qu'il parle, une courte séquence apparaît en illustration : la Croisette et son cortège de festivaliers. Pierre, seul dans la foule, s'avance et s'arrête pour lire au sol une phrase que la caméra découvre :

LE VRAI THÉÂTRE EST DANS LA RUE
Charlie Chaplin

Il y a sans doute un secret accord possible entre Perrault et Chaplin. Au-delà des apparences. Eisenstein comparait Chaplin à Dickens, et rapprochait du monologue intérieur de Joyce sa démarche cinématographique. C'est ce genre de monologue qui se poursuit dans le cinéma de Perrault depuis *Pour la suite du monde* et qui va en s'accentuant au fur et à mesure de la progression de son œuvre. Ce développement y est manifeste : de la quête lyrique du pays *(Pour la suite du monde, le Règne du jour),* des prises de position politique idéalistes *(Un pays sans bon sens; l'Acadie, l'Acadie)* en passant par les cris insoutenables d'Hauris Lalancette *(Un royaume vous attend)* jusqu'aux dialogues de sourds entre les Indiens, le curé, les cinéastes et les anthropologues du film *le Goût de la farine,* c'est le même monologue intérieur qui s'alimente du *vécu* des personnages bien vivants qu'il rencontre sur sa route. Oui, chez Perrault aussi, «le vrai théâtre est dans la rue».

Autre point commun entre le cinéma de Chaplin et celui de Perrault : la qualité d'écriture. Les meilleurs films de Chaplin sont ceux où il maîtrise le plus le style métaphorique. *La Ruée vers l'or,* toute construite sur le thème de la métamorphose, en est l'exemple le plus achevé; et puis il y a aussi *Limelight,* le film autobiographique de Chaplin, qui se développe sur deux plans en rapport complètement métaphorique entre eux : d'un côté la réalité, de l'autre le rêve.

Métaphore et symbolisme s'entrecroisent. Il y a chez Perrault la même propension au style métaphorique, ce qui est assez rare (on peut retrouver cela chez Jean Rouch également) puisque les films documentaires ou proches du documentaire sont, par définition, plus métonymiques que métaphoriques. Pierre Perrault rejoint par là son expérience poétique. En poésie on le sait, il n'existe pas de métonymie, chaque contiguïté étant toujours, de par la structure même du vers, conçue aussi comme similarité.

Les films de Perrault, comme *le Goût de la farine, le Pays de la terre sans arbre,* en particulier, sont des films métaphoriques du début à la fin et où la différence entre métaphore et métonymie disparaît, comme dans *l'Année dernière à Marienbad* ou comme dans certains films de Kurosawa. Aussi chez Perrault, il faut le reconnaître, l'opposition entre le cinéma direct (ce qu'il appelle le cinéma du vécu) et le cinéma de fiction dépasse les débats de circonstance qui firent les beaux moments des ciné-clubs. Dans cette opposition, ce qui est en jeu pour lui, ce sont deux types d'écriture cinématographique, deux types de production d'un discours sur le réel. Au-delà d'une opposition factice, il se peut bien que la ligne de démarcation entre la «fiction» et le «direct» passe entre la métaphore et la métonymie. Ainsi la fiction de haute consommation, avec tout son appareillage de production, star-system y compris, produit largement des discours métonymiques, ce que Pierre Perrault nomme par ailleurs le «matraquage systématique» et le «maternage par le rêve». Là encore, comme chez Jean Rouch, l'intérêt du cinéma de Perrault est dans le refus véhément qu'il oppose à l'appareillage traditionnel de la production fictionnelle : «Somme de refus concernant pareillement le jeu, les acteurs, le texte, les décors, le découpage et le montage classiques, ce que Bresson nomme ''caricature'', et Straub ''pornographie''[2].»

La rencontre fortuite sur le terre-plein de la Croisette avec Charlie Chaplin inscrit la démarche de Perrault dans la lignée de ceux qui poursuivent une œuvre sans concession, échappant par là à tous les classements, et qui cherchent l'affrontement — à leurs risques et périls — à une époque où l'esquive devient fréquemment la règle d'or de l'expression artistique. Ceci ne va pas sans outrance ni contradiction.

> Perrault jette un dernier regard à la citation de Chaplin qu'une main malhabile a tracée à la craie. En écho, on entend la conclusion de son envolée au micro de Patrick Sabatier.

Voix de PIERRE PERRAULT

… alors que moi, ce sont ces hommes-là qui m'intéressent, des hommes de chair et de sang! Le berger m'intéresse, mais pas Jane Fonda en bergère!

> Les derniers mots se perdent dans la montée du son métallique d'un groupe de «rockers des rues», qui apparaît

---

2. Jean-André Fieschi, «Dérives de la fiction, notes sur le cinéma de Jean Rouch» in *Cinéma, théories, lectures,* Paris, Klincksieck, 1973.

d'abord en ambiance puis envahit l'image et le son : un chanteur, un guitariste, un batteur, à tous vents sur la Croisette, ils chantent :

> *Tu joues ta vie au poker,*
> *tu joues ta vie au poker,*
> *tu joues ta vie au poker,*
> *tu joues ta vie au poker...*

La mer au loin lèche une jetée sur laquelle on découvre Pierre : il marche solitaire. L'image s'éloigne, découvre la baie où se perdent les vagues indifférentes.

Mêlés, le son du rock et la musique de la mer se transforment, s'irréalisent enfin.

Au bout de son entêtement, Pierre s'enfuit de la Croisette, repoussant d'un même mouvement le cinéma-cinéma et le rock dépaysé, convaincu à jamais que «ce film-là est bon».

LA BÊTE LUMINEUSE
de Pierre Perrault (Canada)

comment aimer Rabelais
Sade ou Bataille? Com-
ment ne pas aimer Stéphane
Albert, Bernard ou Nicolas
le tendre, le frude, le doux,
et leur culture fêtée au
frette? Ce qu'on accepte en
littérature comme le re-
fuser en humanité? Jeu-
rage devant la bêtise des
beaux esprits. Et je préfère
mes pocailles au triste
porno Bataille.

peut-être lien: mais c'est là
justement le pathétique...
je dirais même la poétique
de la situation... mais il s'a-
git d'une poésie qui se trouve bien loin sinon aux antipodes de bucolique et de
l'écologie que rendus facil
par le cinéma, d'une poésie
qui prend sa source dans
l'innommé de la tragédie,
d'une tragi tragédie qui
ne concerne pas les rois
mais les plus humbles
parmi les hommes, ceux qui
passent inaperçus depuis toujours! Qui se soucie des hommes
un cinéma qui s'est consacré aux idoles?
qui se soucie des hommes nés dans la culture
sauvage (dans le plus beau sens du mot sauvage
qui renvoie au forestier), dans la culture du bûcheron, de cet homme coincé
entre le goût du panache original, de l'exploit, du bout de force (le culte de la
force exploité à outrance par les employeurs saxons) et la triste réalité d'une
extrême déchéance dans une vie d'esclave tête baissée dans le tout pour le
Tout (à savoir la noyade, la misère, la tuberculose, les bottes pleines d'eau
les mouches infernales et le bout de forces à 30 ans) dans l'espoir d'une boîte
à lunch où mettre son petit pain?

Dans une forêt près de Montréal,
des amis se retrouvent dans une
cabane afin de chasser « l'orignal », la
bête lumineuse (sorte d'élan) qu'on ne
verra jamais d'ailleurs. Ce n'est pas
tant la chimère qui importe, que le
réseau de relations s'établissant dans
un univers clos masculin.
  Pierre Perrault dans ses interviews,
et la plupart des critiques, mettent en
avant l'aspect poétique du film : la
nature superbement présente et la
magie qui s'en dégage, la rudesse
des sentiments masculins exprimés de
façon quasi gutturale : de l'amour se
dit sans s'assumer, comme honteux,
et dès lors ne peut qu'être maladroit.
  Certes, on ne saurait nier cette
dimension, n'empêche que le plus
frappant à mes yeux, l'intérêt du film
résident dans la description d'une
bande de « beaufs », de grandes gueules « macho » pour qui la vulgarité et la
trivialité restent les moyens ultimes de
se défendre du refoulé. Celui qui
osera parler l'amour à son copain
deviendra aussitôt le souffre-douleur
du groupe et sera en partie rejeté.
  Et, très subjectivement, si j'aime
bien le film de Perrault, je n'éprouve,
en revanche, aucune sympathie pour

ces pauvres types qui jouent à la
surenchère de la virilité.
  Moins subjectivement, il se dégage
de ce groupe d'hommes un climat
idéologique presque ouvertement fas-
cisant, ils le subissent autant qu'ils le
créent, bien sûr, mais ils sont tout de
même terrifiants de connerie.
  Bêtes et dangereux pour eux-mêmes
et pour les autres, ils ne m'inspirent
aucune tendresse.
  Au-delà, ils me font peur...

à moi, ils me font bien moins
peur que les terrifiantes monstres de Fellini... car ils
ont une âme à fleur de peau
une âme que je dis inou_bliable
peut-être, l'âme de leur panache
original

car il ne faut pas confondre
gaillardise, vantardise
érotisme avec la piquante
pornographie, avec la sca-
tologie répugnante de
ceux qui se disent hommes
de lettres.

phrase totalement incompréhensible
honteusement inarticulée

c'est l'extrême pudeur des tan-
gueurs qui ne fere les déclarations du poète, sentimentales-
pectable si l'enfant, et il faut
voir au-delà pour découvrir
une tendresse qui me paraît
évidente... qui me rend aux
yeux... mais est-ce qu'on peut
lire les hommes quand on
apprend à voir en lisant
du cinéma?

la connerie est terrifiante en
effet (pour employer la même
méchanceté bien française)
mais avant de sauter aux mé-
chancetés peut-être faut-il
un peu chercher à savoir ce
qui se cache derrière cette
violence lyrique – sinon la
connerie change de camp:
et s'il y a aliénation des hommes faut-il accuser le vaincu ou le vainqueur?

Cinéma 83, juin 1983, annoté par Pierre Perrault.

Cinq lièvres, c'est quand même pas si mal!

Le chalet au cœur de la chasse. La chaleur d'un soir d'hiver autour de la table du souper, au milieu des amis et des familiers.

Ici, il n'y a plus cette peur inquiète d'un territoire étranger à l'impossible conquête.

Ici, nous sommes en terrain connu et la chasse est le mode de parcours habituel du bois tout comme ce repas est le lieu privilégié de la confiance, des aveux et des confidences. Pierre, chef de famille autant que chef de gang est au milieu de son monde.

Il parle, il écoute, il rit, il s'inquiète, il s'interroge à voix haute; c'est comme cela qu'il reprend son souffle et retrouve une énergie nouvelle.

Et là, à la table du partage, à la fin de la journée de chasse, devant Stéphane-Albert silencieux, comme si tout devenait évident, il renouvelle sa foi en ce cinéma différent qu'il poursuit comme un rêve avoué depuis plus de vingt-cinq ans et sans lequel il n'aurait pas pu vivre ce qu'il a vécu, loin de toutes les aventures cannoises.

Stéphane-Albert, attentif et songeur, écoute et observe Pierre, dont on voit la silhouette animée en reflet dans la fenêtre. On devine un face-à-face à venir.

Voix de Pierre Perrault

Je le sais que le film est bon, j'ai votre talent... Mon talent, c'est le vôtre... et je sais que vous aviez du talent... Maurice, puis Bernard. Pis tout le monde avait du talent là-dedans... je le sais que le film est bon, sauf que ça ressemble à rien de ce qui se fait dans le cinéma...

Ça fait que les gens sont complètement déroutés... Ça va prendre du temps... Je commence à être fatigué de ça...

> STÉPHANE-ALBERT BOULAIS, *en repoussant son verre devant une proposition de la bouteille.*

Non, moi je ne prends pas de vin... Merci.

> Sommes-nous si loin du vin qui déliait la langue des chasseurs de *la Bête lumineuse?*
> Ici, dans la nuit du chalet circule une autre ivresse, tout aussi vivifiante et que le vin confirme plus qu'il n'invente. Pierre préside la table des amis et de la parenté. Yolande, la compagne de tous les jours et des premiers films à l'île aux Coudres, l'épouse et la mère, Yolande, à la cuisine enchanteresse, fait du repas une cérémonie aux charmes aussi discrets qu'envoûtants. Mathieu, le fils, les neveux, les nièces et les amis connaissent le rituel qui couronne la journée de chasse : Pierre, en bout de table, tour à tour officie, préside, écoute, provoque, doute, émeut, étonne et parfois se jette dans la gueule du loup. Il n'est pas un mets qui ne soit occasion de parole, pas un mot qui ne soit mis en bouche et dégusté comme la saveur de l'instant. Est-il un moment plus privilégié pour que le cinéma, habituellement si présent dans ses appareillages, se fasse oublier, car on ne filme pas en s'excusant?

> PIERRE PERRAULT

Pour moi, après vingt ans, vingt-trois ans d'aventures, de *Pour la suite du monde* jusqu'à *la Bête lumineuse,* pour moi, le succès, la réussite... mon bilan, c'est pas un succès de foule; c'est d'avoir réussi à vivre un certain nombre d'aventures... avoir vécu l'île aux Coudres, avec les gens de l'île aux Coudres... avoir vécu *la Bête lumineuse* avec les gars, les *pocailles*[1] de Maniwaki, avoir vécu ce que je n'aurais pas pu vivre par mes propres moyens.

---

1. *Pocaille* : mot québécois formé de «black eye» et de «œil poché», devenu «poqué». Les «pocailles» sont ceux qui ont abusé de la veille et de la bière. Ce sont ici les personnages de *la Bête lumineuse*, dont le titre initial était «les Pocailles de Maniwaki».

Si j'avais pas eu le cinéma… j'aurais pas été… il me semble que j'aurais pas pu me permettre l'aventure que j'ai eue avec vous autres… C'est tout…

> Un silence léger autour de la table… et la voix de Maurice Chaillot qui le rompt rapidement comme pour conjurer la nostalgie de Pierre.

MAURICE CHAILLOT

Pierre! À ta santé…

PIERRE PERRAULT, *pour se reprendre.*

Qu'est-ce qu'elle a ma santé?

Voix de MATHIEU PERRAULT

À la chasse!

Une autre voix

À la chasse!

Une autre encore

À la mienne!

> Les verres s'entrechoquent et Pierre, comme pour créer une diversion à son émotion dit, à la cantonade :

PIERRE PERRAULT

Cinq lièvres, c'est quand même pas si mal! C'est quand même pas si mal dans les conditions où on était… là…

Et si la consécration de la chasse n'était point tant la proie que la course, le parcours imaginaire, la prise de parole, la géographie des mots et du territoire?

Et si la consécration du cinéma pour Perrault était dans ce désir de dire le pays, dans la volonté de tracer le parcours d'une connaissance des autres et de soi, de délimiter le territoire de l'âme québécoise plus que dans la conquête des terres nouvelles du succès commercial, qui n'est pas à ses yeux une fin de l'écriture cinématographique?

> «C'est Hauris Lalancette de Rochebeaucourt qui m'intéresse et non pas le film que je pourrais scénariser à propos d'un Hauris Lalancette de fiction dont je pourrais confier la représentation

à Delon ou à Trintignant que je ne connais que de nom, je l'avoue sans humilité. Que le cinéma de fiction prenne tout à coup toute l'importance au Québec ne me concerne pas. C'est son affaire et c'est normal puisque c'est ainsi que les choses se passent ailleurs; c'est peut-être bon pour le commerce qui ne me doit rien. C'est peut-être ça la culture qui facilitera notre libération même si j'en doute fort. C'est peut-être plus utile que mon travail. C'est peut-être l'avenir du Québec ou celui du cinéma même si l'un me préoccupe plus que l'autre [...]. Je ne sais qu'une chose, c'est que cette vision directe du réel est pour moi (je dis bien pour moi) chargée de plus de poésie et de vérité que toutes les processions de la Fête-Dieu de tous les cinéastes de la terre [...]. Et j'ai une maison à bâtir avant la nuit[2].

«Sur l'échiquier du cinéma je ne trouve place que dans les dictionnaires, ces entreprises de pompes funèbres qui mettent tout le monde en terre [...]. Je n'ai jamais eu de succès. Aucun de mes films n'a jamais tenu l'affiche nulle part. Sauf peut-être à la télévision, mais c'est là un autre phéno-mène [...]. On a omis de réfléchir sur ces signi-fications du cinéma direct, sur cette nouvelle mémoire qui risque de démythifier l'ancienne dans la mesure, justement, où ce cinéma n'est pas une production marchande [...]. Mais le succès commercial n'est pas à mes yeux une fin de l'écri-ture. Ni cette obsession de l'universel qui est une manie impériale[3].»

À la limite, qu'importe la prise, en regard du chemine-ment! Ainsi : «Cinq lièvres, ce n'est déjà pas si mal.» Qui le dit mieux que cette fin de journée de chasse au retour des chasseurs?

2. *Tous contes défaits : Pierre Perrault, cinéaste et Québécois*. Notes et entre-tien par J.-D. Lafond, texte publié dans la revue de cinéma *Image et Son*, n° 370, mars 1982.
3. *Ibid*.

Mouillés de sueur, les cheveux collés par la fine bruine de février, Pierre, son fils Mathieu, ses neveux et ses amis regagnent le chalet.

Pierre n'a pas pris le temps d'enlever ses raquettes, qui résonnent, insolite, sur la surface de bois de la terrasse déneigée.

Il va déposer deux lièvres déjà raidis par le froid auprès de la porte d'entrée où brille une couronne de Noël oubliée.

> MATHIEU PERRAULT, *encore émerveillé par l'effort.*

Après une longue course... ça a été superbe...

> PIERRE PERRAULT, *qui, portant ses lièvres comme une offrande, traverse la terrasse.*

Ils ne sont pas blancs... Ils sont mouillés, c'est de valeur! C'est beau quand c'est blanc. (Il les dépose au pied du coffre, près de la porte d'entrée.) C'est une belle couronne de Noël! Oh! Celui-là, il en a arraché par exemple!

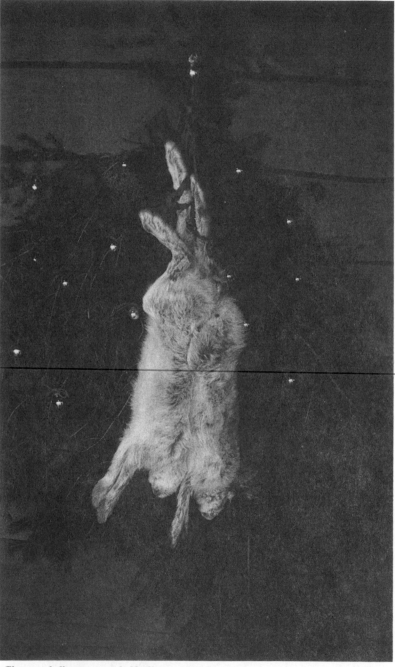

«C'est une belle couronne de Noël!»

À propos d'une faute de typographie

UN CERTAIN REGARD

« La Bête lumineuse », de Pierre Perrault

L'histoire se passe dans une grande forêt humide, au nord de Montréal. Une histoire de rêve et de chasse à l'original, *la Bête lumineuse*. Des amis se retrouvent, après des années, dans une baraque en bois. Pour cette chasse, et par besoin de s'imprégner directement de cette nature démesurée, calme, sans douceur. Des grands gars, grands buveurs, et deux « intellectuels » qui restent gens de la ville. Ils sont venus avec un arc perfectionné. Puis, il y a le guide indien, qui sourit gentiment et sait imiter le cri de la bête à l'aide d'un cornet de peau fabriqué tout exprès.

Ils vont partir à l'affût, s'emplir du vert des feuilles, du clapotis de l'eau sombre, du ciel vide. Ils vont enfoncer leurs pieds dans la boue lourde, guetter. Quoi au juste ? La bête ou la chimère ? Ils sont venus chercher l'exaltation de l'attente. Le soir, ils se rassemblent dans la baraque pour bâfrer et boire, initier les deux intellectuels à une sorte de rituel primitif dont ils sont à peine conscients et qu'ils ne contrôlent pas. Ça passe pour manger du foie cru, tout chaud sorti du ventre dépecé de la bête, par une culte fantastique. Moment de défoulement de chair brutale, d'amour qui refuse les mots, la sexualité, c'est autre chose : le besoin d'étreindre, de n'être plus que corps en fusion. Là, tout se déglingue parce qu'il y a l'homme-poète qui veut dire l'amour. Il deviendra l'original à chasser. L'autre s'en va.

Le plus extraordinaire du film, c'est peut-être les mots qui se bousculent dans un chuintement râpeux, d'où surgissent des paroles, des phrases bouleversantes de beauté et qui, pour nous Français, parlent d'une vigueur poétique perdue. Le plus extraordinaire, c'est aussi la profondeur mystérieuse du pays, la splendeur des images. On pense sentir le froid de l'aube, la pluie, l'odeur morbide de la terre. Le plus extraordinaire, ce sont les voix d'hommes sur les chuchotements de la forêt, où on ne serait pas surpris de rencontrer, comme Macbeth, des sorcières. Ces hommes, qui ont basculé dans un autre temps, en retrouvent les modes de vie et les ruses. Ces hommes braillards, truculents, flambards, grandes gueules et savants, monstres shakespeariens lancés dans une épopée à la fois triviale et mystique dont aucun ne sortira indemne.

Ils sont là, aussi nature que la nature qui les entoure, comme si les caméras n'avaient jamais été inventées. « *Je les ai invités ou je me suis invité à la chasse. Dès le départ, j'ai compris, parce qu'ils le disaient à chaque mot, qu'il y aurait une victime. Et c'est ce qui est arrivé... Et c'est ça qui a donné le film,* » disait Pierre Perrault (*le Monde* du 25 mars 1982). Un film qui est autre chose qu'un chef-d'œuvre : un moment unique. – C. G.

Colette Godard, *le Monde*, 10 mai 1983.

Il a suffi du trop grand zèle du correcteur du journal *le Monde* qui fit en toute innocence de l'*orignal* de nos forêts l'*original* d'un autre dictionnaire pour confirmer la fragilité de notre langue et la vertigineuse différence de nos cultures. Une voyelle supplémentaire et la bête lumineuse devint légendaire jusqu'à se confondre avec la quête du Saint-Graal. Aussitôt, le bois du Michomiche, aux confins de l'Outaouais, se mit à résonner, sous la plume des journalistes, des rencontres des chevaliers de la Table ronde; Perceval, Lancelot et le pur Galaad se glissent en conséquence dans l'imagination de la chroniqueuse de Radio 7 qui, si elle n'a pas vu le film de Perrault, a eu le temps d'assister à la projection du dernier *Monty Python...*

Oreilles casquées d'écouteurs, micro bien en main, elle restera sourde à la tentative d'explication de Pierre.

L'ANIMATRICE DE RADIO 7.

Alors, Pierre Perrault, c'est assez curieux quand on lit dans le dossier de presse et quand on entend dans le film : «Nous allons faire la chasse à l'*original*.» Et finalement, l'*original* c'est un peu la quête du Graal, puisqu'ils ne l'atteindront jamais, ils ne le retrouveront jamais... et peut-être que le trouver, ce n'est pas vraiment le but... Ce qui compte, c'est de chasser...

PIERRE PERRAULT, *calmement*.

L'*original,* c'est une faute de typographie...

L'ANIMATRICE, *sans perdre de son assurance.*

C'est quoi?

PIERRE PERRAULT

C'est l'*orignal.*

L'ANIMATRICE DE RADIO 7

Ouais...

PIERRE PERRAULT, *qui veut expliquer et déjouer*
la confusion.

L'*orignal...* un mot indien! C'est un mot indien qui désigne le grand élan d'Amérique.

Mais elle, superbe de décontraction professionnelle, n'entend pas, déjà elle lance la musique et retire son casque...

Lancelot poursuit sa chevauchée dans la forêt de Merlin l'Enchanteur. Le Saint-Graal a gagné.

À l'intérieur de l'ancien Palais des festivals, Janine Baron, critique au quotidien *la Croix* reprendra la même question. Mais chez elle, l'*original* suscite le doute et l'étonnement, provoque l'hésitation. Elle a vu le film et se trouble devant un Perrault qui refuse de se prendre pour Chrétien de Troyes.

Mais qui sait? La fable fait toujours un peu partie du réel et l'orignal n'est-il pas légendaire avant toute intervention de la typographie, «un animal fabuleux, mais dans la réalité».

Du trouble et de la confusion naissent la nécessité de s'expliquer et, pour Pierre, l'envie de reprendre le bois, lieu des évidences, chevalier de son propre Graal, sur les traces du lièvre vulgaire.

De là, cette première leçon de cinéma qui est aussi une petite leçon de chasse. Se croisent alors la parole du cinéaste et le cheminement attentif du stylo de Janine Baron, qui prend scrupuleusement en note le discours de Pierre : triomphe de la calligraphie sur la typographie pour mieux épouser les contours de la parole, à l'image de Pierre qui transcrit fidèlement tous les dialogues de ses tournages.

L'inscription des traces se confond dans le parcours du chasseur avec l'interprétation des signes. La parole se fait texte tandis que le chasseur délie le tissu fermé du bois, recueillant les indices pour élaborer sa lecture.

Au bout de la course «il y a une bête, ou il n'y en a pas»... C'est l'enjeu de ce cinéma, selon Perrault.

JANINE BARON, *hésitante et appliquée.*
«L'original» et la «bête lumineuse» sont-ils des notions courantes au Canada ou des... ou des éléments de légende... ou des... ou des éléments de fiction inventés par... pour le film?

PIERRE PERRAULT, *délicat.*
D'abord ce n'est pas «l'original», comme ça a été écrit dans *le Monde,* mais *l'orignal... L'orignal,* c'est vraiment un animal, une bête qui est fabuleuse, mais dans la réalité, il n'y a absolument aucune fiction et l'orignal existe.

Encouragé par l'écoute attentive de Janine Baron, Pierre va tenter d'expliquer son entreprise, ce «cinéma du vécu» comme il a souvent été nommé, non sans malentendu linguistique parfois. Mais comment rendre compte de cette course au réel qui anime son cinéma, cette volonté farouche de «capter» — autant que de capturer — le vécu? Pour cela il convoque la métaphore de la chasse, afin de dire à l'évidence le sens de sa quête : leçon de cinéma et discours sur la chasse vont se croiser tandis qu'à l'image alterneront en un curieux ballet la course du stylo fébrile de Janine Baron sur la feuille blanche du bloc-notes et la course éloquente mais indicible du chasseur dans le bois, sur la neige silencieuse.

«L'orignal, c'est vraiment un animal, une bête qui est fabuleuse, mais dans la réalité...»

Voix de Pierre Perrault

Je ne suis pas un cinéaste de fiction... je ne suis pas un fabricant de films... je cueille des films, absolument comme un chasseur.

Moi, je crois sincèrement que le cinéma que je fais, c'est un cinéma qui cherche à être aux aguets, et qui, évidemment, à un moment donné, est obligé de prendre une piste, une piste qui peut être une idée quelconque...

Tu t'en vas, tu fais face à l'impossible... T'as une petite hypothèse ridicule, pis, tout à coup, il y a le hasard... Et puis, tu suis le hasard. C'est comme la chasse. Je donne cet exemple-là parce que j'ai toujours l'impression que, quand je fais un film, je suis à la chasse. Il y a des pistes, et je me laisse inspirer par des pistes... Au bout, il y a une bête ou il n'y en a pas!

> Il marche là-bas dans le bois familier, loin de la Croisette, loin de la rumeur du succès convenu et du délicat clapotis de la vague méditerranéenne. Il marche là-bas dans un autre paysage, à la recherche de l'œil noir du lièvre blanc, dans l'ivresse de la neige à perte de vue. Il quadrille le bois enneigé dans le parcours obstiné des raquettes, l'œil à l'affût du moindre indice. Soudain, il écarte les branches, il se penche et ramasse des petites billes brunes qu'il écrase soigneusement entre ses doigts; il dit comme à lui-même :

PIERRE PERRAULT

Un beau petit chemin de crottes... Hum! C'est sec un peu. (Il se redresse et reprend son chemin à travers le fouillis du bois en souriant.) Y en a... Y en a... pourtant!

> Le sourire du chasseur qui espère le gibier se confond avec celui du cinéaste qui espère le film. Stéphane-Albert Boulais peut en parler, lui qui cherchait au cours du tournage de *la Bête lumineuse,* dans le sourire de Pierre, la preuve de son existence cinématographique. Stéphane-Albert le confirme à Pierre, assis à la table du chalet. (Il est en sueur; on devine qu'il s'agit d'un moment de repos dans la journée de chasse. Il écoute Stéphane en mangeant goulûment sa soupe.)

STÉPHANE-ALBERT BOULAIS

Moi, j'ai remarqué... quand tu tournes là, tu as toujours un sourire...

> Un sourire que Stéphane-Albert décrit suavement dans ce beau témoignage de tournage de *la Bête lumineuse :* «Pendant la scène, Pierre se tenait derrière Martin et il souriait comme au matin d'une noce, avec cette sorte de sourire stimulant rempli d'espoir et de promesses[1].»

> PIERRE PERRAULT *avale sa soupe et complète à sa façon la phrase inachevée de Stéphane-Albert sur la nature de son sourire.*

Complice!

STÉPHANE-ALBERT BOULAIS

Non! (Il se reprend.) Oui, un sourire complice... Maintenant... quand ça va bien, t'as un sourire merveilleux... mais quand ça va mal, t'as quand même un sourire. T'as toujours souri en tournant.

> PIERRE PERRAULT, *qui va engloutir une autre cuillerée de soupe.*

J'espère toujours...

> STÉPHANE-ALBERT BOULAIS, *qui profite de l'occasion pour préciser au vol.*

---

1. S.-A. Boulais, *Tournage avec Pierre Perrault*, Hull, Éditions du Vermillon, 1986.

T'as le sourire sur le qui-vive!

PIERRE PERRAULT, *qui a fini sa soupe.*
Parce que... à la chasse, tu attends quelque chose, pis quand tu filmes, quand tu tournes, tu espères... Y a une espérance... Pis ça doit se voir sur ton visage, ça!

> «La caméra et le magnétophone de Pierre Perrault étaient surexcités : la scène composait et la salle délirait. Je ne me souviens pas d'avoir vu Pierre courir autant qu'en cette fin d'après-midi dans cette petite salle outaouaise. Il était partout à la fois, mobile comme un chasseur de lièvres; il levait la parole comme d'autres lèvent le gibier[2].»

STÉPHANE-ALBERT BOULAIS
Mais ça, finalement, c'est la clef de... comment je pourrais dire ça...

PIERRE PERRAULT, *l'interrompant.*
C'est pas parce que tu souris que tu vois des lièvres...

STÉPHANE-ALBERT BOULAIS, *qui cherche le mot de la fin.*
C'est énigmatique... Y a une énigme... C'est là... Comment je pourrais dire ça?... C'est le processus même de la fiction.

Et on pourrait ajouter, en s'appuyant sur cette autre citation de Stéphane-Albert, que le sourire de Pierre dans la «direction» de ses personnages est une manière à peine visible de s'excuser d'entrer chez l'autre sans effraction!

> «J'ai dit plus haut combien le sourire de Pierre Perrault m'aiguillonnait. Là vit, je crois, l'une des forces de son *art du direct*. Il a un sourire alphabétique, syllabique, lexical, enfin un sourire qui parle, qui provoque, qui encourage à continuer. Sur ses lèvres, pourtant toujours muettes, se jouent les nuances d'une mise en scène. Par

---

2. *Ibid.*

exemple, à la fantaisie débridée de ses "actants",
il répond par un large sourire. En revanche, lorsque la parole devient solennelle, son sourire prend
les plis de la commisération, sorte d'accord tacite
qui non seulement supporte, mais également scelle
affectueusement ce qui se dit. On pouvait lire
cette compassion sur ses lèvres au moment où
Maurice murmurait tendrement : "Je crois que
les poètes aiment beaucoup pleurer, moi...."
Pierre ne dirige pas, il sourit. C'est son mode
d'écoute et, en même temps, sa façon de parler
pendant un tournage. Il arrive ainsi à maîtriser
l'avenir de ce qui sera dit[3].»

Retour à la course de l'écriture et au stylo de Janine Baron,
qui s'essouffle dans les pas du chasseur.

Voix de PIERRE PERRAULT

Moi, je dis que le cinéma que je fais n'existe que si j'ai un peu de
chance. Nous autres, on a une technique : on travaille, on met un
micro, on prend une caméra, on s'installe dans une situation... mais
c'est la situation qui donne un résultat, ce n'est pas nous autres,
voyons donc!

La course du crayon s'arrête au bas de la page pleine.
La page est tournée. On entend la voix de Pierre qui
s'inquiète, comme s'il prenait soudain conscience de ce
chassé-croisé entre sa parole et l'écriture.

Voix de PIERRE PERRAULT

Est-ce que je parle trop vite?

Voix de JANINE BARON

Ça va...

«Ce que le cinéma doit saisir, ce n'est pas l'identité d'un personnage réel ou fictif, à travers ses
aspects objectifs et subjectifs. C'est le devenir du
personnage réel quand il se met lui-même à

---

3. *Ibid.*

«fictionner», quand il entre en «flagrant délit de légender» [...] il devient lui-même un autre, quand il se met à fabuler sans jamais être fictif. Et le cinéaste de son côté devient un autre quand il «s'intercède» ainsi des personnages réels qui remplacent en bloc ses propres fictions par leurs propres fabulations[4].»

Aussi pour Pierre, c'est bien le personnage qu'il traque au bout du micro, au bout de la caméra, et qui devient sa bête lumineuse, son intermédiaire essentiel sans lequel le film ne pourrait avoir lieu, sans lequel la vérité ne pourrait se «réaliser». Ici, l'enjeu de la chasse rejoint celui du cinéma, et Perrault l'avoue, s'offrant lui-même en toute innocence à ce film dont il est devenu l'objet de la poursuite.

> PIERRE PERRAULT, *à Stéphane-Albert, au cours du repas de chasse.*

Il faut que tu apprennes où placer la caméra, quand tourner... Encore une fois, moi, ça fait vingt ans que je fais ça, vingt-cinq ans que je fais ça et je me trompe... Le gars qui ne l'a jamais fait... qui arrive avec le poids de l'équipe technique, avec le poids des éclairages, tous ces machins-là, il pense à ça et puis, il a de la difficulté à trouver la situation favorable.

Moi, ça me paraît l'essentiel; et je dis toujours aux gens : «Faites de la radio, faites de la radio, apprenez ce que c'est que la parole, comment elle naît.» Comment une personne à qui tu parles peut être totalement indifférente et puis, tout à coup, devenir lumineuse... Pourquoi?

> Enfin, au Festival de Cannes, devant Janine Baron qui tente d'emprisonner sa parole dans l'écriture, une dernière fois.

Voix de PIERRE PERRAULT

Évidemment je choisis des personnages qui ont quelque chose à dire... qui ont la faculté de le dire. C'est certain! Je ne vais pas à la chasse aux poules et aux dindons... je vais à la chasse à des gibiers... à des gibiers de potence, si vous voulez, dans *la Bête*

---

4. Gilles Deleuze, *op. cit.*

lumineuse; mais enfin des gibiers d'intérêt... Bon, l'art, c'est eux qui l'ont!

Vingt ans après la chasse au dauphin blanc sur le fleuve Saint-Laurent, hanté par des rêves de conquête *(Pour la suite du monde)*, et au lendemain d'une chasse à l'orignal qui se fit chasse à l'homme *(la Bête lumineuse)*, Pierre Perrault se fait gibier, comme si le temps pressait de faire partager ce métier de cinéaste quand l'insuccès chez les marchands de fiction peut tout remettre en cause.

«Je ne vais pas à la chasse aux poules et aux dindons...»

La chasse comme métaphore

*Il est impossible qu'un homme n'ait rien à dire.
Cela n'existe pas. Tout dépend de la question
qu'on lui pose, du terrain qu'on lui impose.
Et si vous découvrez le terrain favorable, vous
obtenez sa parole. Car la parole ne contient
pas tout. Elle est l'indice d'un monde extérieur. Elle a besoin de balises. D'un sujet
familier, d'une inspiration. D'une assise dans
la vie vécue...*

Pierre PERRAULT, «Discours sur la parole».

Plus et mieux que le Festival de Cannes, lieu de tous les cinémas, il fallait, pour que Pierre clarifie son désir obscur de faire des
films, le lieu privilégié du bois, un petit matin d'hiver et la compagnie curieuse de Stéphane-Albert Boulais et de Maurice Chaillot,
l'un et l'autre — le premier surtout — déjà épinglés au jeu de la
chasse (à l'homme) dans *la Bête lumineuse*. Car la chasse pour Pierre
est plus que la chasse; elle est l'allégorie du rapport à la vie, la
métaphore du cinéma direct, enfin le point d'origine de ce «goût de
légender» qu'il découvrit, enfant, en écoutant les récits fabuleux de
son père et ses amis. Aussi la chasse fut sans doute pour le jeune
Perrault un lieu habité par les exploits paternels, où allait s'affirmer
ce «goût du superlatif» qui caractérisera tout son cinéma et qui le
fascine encore.

«Le goût du superlatif» : c'est l'art de conter des histoires, le plaisir de «dire des merveilles» dans lesquels il ira puiser le fond épique de ses films et ce penchant si particulier pour le verbe incarné dans le vécu et dans la mémoire populaire.

Alors, la chasse? C'est d'abord un espace physique, celui du bois, de l'hiver et du froid, et c'est l'écho de la parole mythique du père. Là s'inscrit en creux la source mystérieuse de l'imaginaire de ce pays que le cinéma de Perrault traque de film en film. C'est dans la chasse aussi que Perrault trouve la scène favorable à son discours parce qu'elle est le lieu de l'amitié, de la complicité, de l'humour, de la taquinerie, enfin de la confidence et de la parade.

Ici, plus et mieux que partout ailleurs, il se livre dans sa superbe et dans sa fragilité, dans ses convictions et dans ses faiblesses. Dans sa propre fable également.

Chasseur obstiné, convaincu, patient et rusé, le quadrillage de son propre territoire de l'âme le conduit bien vite à se mettre lui-même en jeu et en joue. Qu'on ne se méprenne pas : Stéphane-Albert, poète fragile de la démesure et de la tendresse est en grande partie son double, comme le négatif est le double du positif en photographie. Il l'initie à la chasse comme il réitère sa propre démarche, ne gardant du goût de l'absolu que la parure de ces ailes de géant qui l'empêchent de marcher.

Dans la chasse, il y a l'aveu à peine dissimulé de ce rêve poétique, la marque de la démesure et sans doute ce profond désir d'exploit tragiquement dérisoire qu'il va traquer dans l'aventure de *la Bête lumineuse*.

Il ne faut donc pas s'étonner que ce film-là soit celui dont il se sent le plus proche, à coup sûr l'aveu le plus pudique de cette «âme québécoise» qu'il invente à perdre haleine. Il n'en fallait pas plus pour que *la Bête lumineuse* soit le film qui expose le plus impudiquement la fragilité de son désir tout en dévoilant aux Québécois l'image la plus profonde, la plus vraie et la plus insupportable de la québécité. Faut-il alors s'étonner de l'accueil du Festival de Cannes, du malentendu critique qui entourera sa projection et, au bout, l'indifférence et l'oubli qui couronneront sa brève apparition? Avec ce film, le cinéma-cinéma faisait de Perrault un chasseur chassé, heureux de se voir confirmer dans la marge, vingt ans après *Pour la suite du monde*. Car je le soupçonne de tirer sa conviction et son énergie à poursuivre de cette position maquisarde — et reconnue en même temps, une espèce de marginalité respectée et parfois honorée

— sans laquelle il ne pourrait écrire ou produire. Car son écriture cinématographique est une écriture réactive; là encore, tout comme à la chasse, il s'agit de répondre à l'appel du silence, à la provocation de l'oubli, à l'indifférence des pistes, à l'exploit de l'imprévu.

Ne cherchons pas ailleurs l'origine de ce cinéma singulier, si profondément québécois, jusqu'à l'insupportable parfois, qui laisse le spectateur irrité ou séduit, mais rarement indifférent. Il a la force des grands mythes et leurs faiblesses; il en a la simplicité souvent et la complexité bavarde parfois.

Ne faisant aucune concession à la séduction, il prône l'impudique fierté du chasseur qui piste les mots et traque «les hommes de chair et de sang», disposé à tous les excès «donquichottesques», exposé aux bévues, aux malentendus, pourvu qu'il suive la pente absolue de l'humanité, sa dérision et sa grandeur, sourd aux bruits parasites, indifférent aux bosquets touffus et aux lacérations des branches et des ronces; sa quête poursuit l'obstination de la piste jusqu'à son terme : «Au bout, il y a un animal ou il n'y en a pas.»

Un jour, enfin, il y a au bout de son fusil le chasseur lui-même.

Un jour, enfin, il y a au bout de son fusil le chasseur lui-même.

L'initiation

Devant le chalet, par une belle lumière d'après-midi de février qui dégage de la brume, au loin, les collines boisées. Pierre est au centre d'un groupe de chasseurs qui s'apprêtent à partir en battue. Il montre à Stéphane-Albert comment manipuler un fusil de chasse en toute sécurité.

«Bon! ben, c'est ton initiation, cet après-midi?»

PIERRE PERRAULT

Bon! ben, c'est ton initiation, cet après-midi?

> STÉPHANE-ALBERT BOULAIS, *en riant, peu convaincu de ses aptitudes.*

Ouais... bon...

> PIERRE PERRAULT, *en lui mettant en main le fusil.*

Alors, tu prends ça... tu mets des cartouches... tu fermes... tu peux marcher de même si t'aimes mieux. (Il lui montre comment tenir le fusil en position de «canon brisé».)

STÉPHANE-ALBERT BOULAIS

Je préfère marcher de même...

PIERRE PERRAULT

Tu fermes... mais pour tirer, il faut que tu pousses là-dessus...

STÉPHANE-ALBERT BOULAIS

Je préfère marcher le canon brisé...

PIERRE PERRAULT

O.K.

STÉPHANE-ALBERT BOULAIS

O.K.

PIERRE PERRAULT

Ça, là, «S», ça veut dire, là, que tu as la sécurité... Si tu fermes, là, les coups partent... Ça marche?

STÉPHANE-ALBERT BOULAIS

Pas de problèmes... O.K.... Je préfère la tenir comme ça. (Il garde le fusil en position «canon brisé».)

> PIERRE PERRAULT, *à la cantonade... tandis que la caméra cadre les bottes et les raquettes du groupe de chasseurs qui s'éloignent sur le chemin.*

On y va-tu? Là, nous autres, on va organiser une battue un peu plus bas... Là, allons-y!

Le goût du superlatif

Les chasseurs s'éloignent en groupe serré dans le ballet harmonieux des raquettes; la petite troupe commence à descendre la colline, on ne voit plus que les dos massifs des larges vestes vertes et brunes. Chacun va prendre sa piste.

Le bois est immobile. Pas un souffle. À peine quelques lointains chuchotements. Dans un petit creux, dans l'intimité des arbres, on découvre Stéphane-Albert qui attend sagement, à l'affût; il soupèse sa carabine, qu'il tient prudemment, canon brisé. La première partie de la leçon a porté ses fruits...

STÉPHANE-ALBERT BOULAIS, *inquiet.*
À quelle distance tu penses qu'on devrait tirer dessus?

Gros plan sur Pierre, à l'affût lui aussi, quelques pas plus haut, le visage baigné de soleil.

PIERRE PERRAULT
Oh! Cinquante, soixante pieds, pas beaucoup plus... mais tu tires en avant quand ils courent!

STÉPHANE-ALBERT BOULAIS, *en toute naïveté.*
Ah! Il faut que je tire en avant d'eux autres, pis à terre?

PIERRE PERRAULT, *ironique.*
Ben! à terre!? C'est rare les lièvres qui volent...

STÉPHANE-ALBERT BOULAIS, *vaincu.*
C'est une question un peu idiote que je t'ai posée là...

PIERRE PERRAULT, *moqueur.*
Ah! Je ne m'attendais à rien d'autre...

STÉPHANE-ALBERT BOULAIS, *un semblant vexé.*
Oh ben! Écoute Pierre... je sais quand même... (Ils rient tous les
deux.)

> Aux rires succèdent le silence, les arbres immobiles et la
> neige immuable.
> Pierre, comme s'il craignait soudain, dans cette deuxième
> partie de la leçon, le découragement de Stéphane-Albert,
> promet le lièvre au superlatif.

PIERRE PERRAULT
Mais des fois, tu vois un lièvre... Y a des reflets dans le bois, pis
t'as l'impression d'avoir vu un lièvre; tu peux te tromper... mais le
mouvement... ça ne trompe pas beaucoup.

> À nouveau le bois immobile dans le froid, l'attente et le
> silence.

Mais Stéphane-Albert ne peut pas se taire longtemps : il abandonne la chasse pour questionner le chasseur, oublie le lièvre pour
traquer en toute innocence le cinéaste Perrault, jusqu'à l'aveu final :
et si toute chasse n'était qu'une tentative de renouer avec l'image
initiale du père? La course dans le bois prendrait un tout autre sens
et le lièvre deviendrait le prétexte pour retrouver le territoire perdu.
Tout comme la quête symptomatique des personnages fabuleux dans
le cinéma de Perrault est à l'image d'un peuple qui se désespère
d'inventer un pays.

C'est la simulation d'un récit, tout comme pour l'enfant qui,
dans la parole du père, construisait la légende du monde et ses
métamorphoses. Il y a bien des chances pour que le «cinéma-vérité»
ait pris naissance au coin du feu, dans l'enthousiasme des récits de
chasse, et dans le goût du superlatif.

> «Il faut que le personnage soit d'abord réel pour
> qu'il affirme la fiction comme une puissance et
> non comme un modèle : il faut qu'il se mette à
> fabuler pour s'affirmer d'autant plus comme réel,
> et non comme fictif. Le personnage ne cesse de

devenir un autre, et n'est plus séparable de ce devenir qui se confond avec un peuple[1].»

Et Stéphane-Albert, en cet après-midi d'hiver où il a troqué l'arc de *la Bête lumineuse* contre un fusil malhabile, à sa façon ne reviendra pas bredouille puisqu'il donnera à Pierre l'occasion de se dire, de s'avouer, bien au-delà de la métaphore de la chasse et de sa mythologie.

À l'enthousiasme de Pierre répond la curiosité de Stéphane-Albert, tandis que la caméra scrute à nouveau le bois.

Voix de STÉPHANE-ALBERT BOULAIS
T'as pris ça où ce goût-là de la chasse?

Voix de PIERRE PERRAULT
Ça serait peut-être long à expliquer...

Voix de STÉPHANE-ALBERT BOULAIS, *qui «lui donne du câble», dirait Bernard dans la Bête lumineuse.*
... à force de rencontrer des gens dans ton cinéma?

La réponse de Pierre viendra plus tard le soir, quand, épuisé par la journée de chasse, assis sur la pierre de la cheminée devant un feu de bouleau clair, il racontera, le regard ébloui, comme s'il revoyait une autre scène enfouie dans ses souvenirs d'enfance.

PIERRE PERRAULT
Oui... probablement, mais mon père aussi... mon père a toujours fait de la chasse... La chasse, attention, la chasse, ce n'est pas tuer un animal... La chasse, c'est faire ce qu'on a fait ce matin... C'est tuer un animal, pis tu sors... tu vas le partager avec les autres, tu vas le raconter...
Mon père avait un paquet d'amis... qui venaient dans l'atelier chez nous... le soir, ils prenaient un petit gin; ben sûr, c'était la génération-du-petit-vin... Et là ils se racontaient des histoires de chasse. Il y avait là-dedans des conteurs absolument magnifiques... le père Morel...

---

1. Gilles Deleuze, *op. cit.*

À nouveau, le bois de la chasse et la silhouette de Pierre, irréelle, écartant les branches d'une battue solitaire, comme s'il pouvait devenir dans la petite musique de la mémoire tous les chasseurs de son enfance, tandis que résonne en lui l'écho des conteurs.

Voix de PIERRE PERRAULT, *sur la course des raquettes.*

Tous ces gars-là étaient pareils. Ils avaient tous une passion pour la forêt... Des histoires folles... des histoires de... Je me souviens d'une merveilleuse histoire... Je la trouvais très belle... En tout cas, je ne peux pas la raconter comme lui...

Un gars de la Baie... à un moment donné, il s'en va le long d'un chemin... Il s'en allait aux Islets... Y avait un cormier, tu sais, un mascouabina. Tu sais ce que c'est qu'un mascouabina? Ça donne des fruits ombellifères, comme le pimbina. Y avait un cormier plein de fruits... pis là-dedans, il y avait douze perdrix... Elles étaient toutes après manger tranquillement pis là, il dit : «J'ai commencé par les perdrix du bas... j'ai tiré les perdrix... une perdrix, deux perdrix, trois perdrix...» Il dit : «Jusqu'en haut de l'arbre... j'ai tué douze perdrix...». Il dit : «C'était une bonne place... L'année suivante, je suis retourné...»; il dit : «L'arbre était mort!»

(Rires.)

... Mais ça, c'était ça, le goût du superlatif...

«Je ne savais pas encore que nous avions l'âme au superlatif! Et si quelqu'un a pu prétendre que j'ai suivi *les Traces du rêve,* c'est seulement dans la mesure où le rêve se nommait Yolande et fleuve et marée et pays et oncle et tante et vin de salsepareille et lune et soleil et ruisseau Michel [...]. Je commençais donc sans trop m'en rendre compte à découvrir la parole, le pays et le superlatif... à rentrer en pays... à défroquer petit à petit des littératures étrangères...[2]»

_____

2. Pierre Perrault, «Nouveau discours sur la parole ou l'Éloge du superlatif», juin 1986. Ce discours a été prononcé à l'occasion de la remise à Pierre Perrault d'un doctorat *honoris causa* par l'Université Laval, à Québec.

La chasse, c'est de la chasse, un point, c'est tout!

L'après-midi dans le bois enveloppé de neige. Stéphane-Albert suit en raquettes les traces de Pierre. Son initiation se poursuit : qui veut entrer dans le cinéma de Perrault brave d'abord le parcours du chasseur, et la bonne volonté de Stéphane-Albert est sans limites. Enfin! on pourrait le croire.

Au sommet d'une petite pente, Pierre s'accroupit sur ses raquettes, se donne une poussée et se laisse glisser élégamment jusqu'en bas. En silence, juste sa respiration et le glissement des raquettes. Il se relève promptement. Il se retourne alors à demi et regarde derrière lui, vers Stéphane-Albert resté en haut.

PIERRE PERRAULT, *encourageant.*

Viens, Stéphane!

Mais Stéphane-Albert hésite sur le bord de la pente, empoté, murmurant des mots incompréhensibles, s'encourageant lui-même à vaincre la peur de la glissade.

PIERRE PERRAULT, *convaincant.*

Mets-toi dans la neige, c'est plus doux…

Stéphane-Albert hésite encore, il cherche la bonne position pour le confort… et la sécurité de sa haute et large stature; il s'accroupit à demi et continue à marmonner.

STÉPHANE-ALBERT BOULAIS, *craintif, murmure,*
à peine audible.

Attends, là! J'vais glisser... M'en vas faire comme par chez nous... (Il rit et se reprend.) Comme si j'glissais de même par chez nous!

> Il s'accroupit difficilement, cherche la pente, et avec détermination se lance, glisse de travers et aboutit enfin en bas du talus.

PIERRE PERRAULT, *pédagogue.*

T'es bon! T'es bon! Les lois de la gravitation t'ont aidé, mais...

> Pierre s'apprête à reprendre sa course. Il remarque à peine que les raquettes de Stéphane-Albert sont profondément enfoncées dans la neige. Stéphane-Albert cherche à s'en dépêtrer. En vain. Il est prisonnier.

STÉPHANE-ALBERT BOULAIS

Je ne peux plus décoller!

PIERRE PERRAULT

Recule un peu... comme ça. Tu vas les avoir. (Et il s'éloigne, tandis que Stéphane-Albert cherche un point d'appui pour se tirer de là tout en forçant sur ses raquettes, qui répondent par de sinistres craquements.)

> L'image anticipe la fin de la journée : à l'intérieur du chalet, Pierre en sueur, chemise collée au corps, s'apprête à raconter l'exploit de sa course.

PIERRE PERRAULT

Stéphane-Albert, je ne sais pas si tu aurais été bon pour nous suivre!

> Stéphane-Albert aurait eu bien du mal à le suivre même s'il l'avait voulu. Et le montage nous livre l'épilogue : Stéphane-Albert est resté prisonnier de la neige et de ses raquettes quand Pierre a poursuivi sa course en l'abandonnant à son triste sort. Le voici planté là comme une épinette, malhabile, dérisoire dans la solitude du bois. Dans le dernier craquement de sa raquette, on l'entend prenant l'équipe de tournage à témoin, à moins qu'il ne parle aux arbres.

STÉPHANE-ALBERT BOULAIS, *ironique.*

J'ai-tu l'air d'un chasseur?

Le voici pris au piège de la chasse et du cinéma, condamné à partager l'exploit seulement dans le récit que Pierre en fera à son retour au chalet.

PIERRE PERRAULT

Là, on t'a fait une randonnée!
Là, on s'est vidé... vidé, vidé, vidé... Y en avait plus!

Et il n'y a pas assez de mots pour dire la fatigue du chasseur et la fuite du lièvre. Reste le cinéma. Un coup de feu. Un second coup de feu. Le son se propage tout autour de la colline. Au loin on distingue Pierre, tout en bas de la pente, fusil en main, l'image se rapproche; il vient de tirer; on devine le lièvre qui termine sa course dans le bois, traqué par les autres chasseurs.

PIERRE PERRAULT, *criant.*

Il était-t'y là?

Et dans le bois, au loin, la confusion des voix et des cris qui confirment la prise.
Plus tard, devant Stéphane Albert qui a été privé de «l'ex ploit», Pierre, tour à tour lièvre et chasseur, commence à «légender», dans l'ivresse du superlatif.

PIERRE PERRAULT

Je suis arrivé dans l'escarpement là, il était dans l'écore[1]... Là, il n'y avait pas de branches... il est parti en courant... Il a fait une grande courbe et j'ai tiré deux coups... Je l'ai tué, mais il a continué à courir (il mime la course du lièvre blessé), écrasé, comme s'il nageait dans la neige... Ah! il était superbe.

Voix de STÉPHANE-ALBERT BOULAIS, *admiratif.*

Le dieu-chasseur!

PIERRE PERRAULT

Ça marche mal... (Il s'interrompt au moment où il comprend ce que vient de dire Stéphane.)

STÉPHANE-ALBERT BOULAIS, *pour confirmer le titre qu'il vient de lui décerner.*

Hein!?

---

1. *Écore* : escarpement. Pierre Perrault avoue avoir entendu le mot du côté de Baie-Saint-Paul. L'orthographe ici est approximative sinon arbitraire.

PIERRE PERRAULT

Arrête donc... La mythologie, moi...

Voix de STÉPHANE-ALBERT BOULAIS

Mais, c'en est une mythologie, la chasse...

PIERRE PERRAULT

Mais non, c'est pas une mythologie... la mythologie, c'est l'invention des gens qui restent assis à côté du poêle et puis qui imaginent ce qui se passe dans le bois... (Sourd aux tentatives d'interruption de Stéphane-Albert, il poursuit.) La chasse, c'est de la chasse, un point c'est tout! (Puis ironique.) Dieu-chasseur!!

STÉPHANE-ALBERT BOULAIS, *qui réussit enfin à l'interrompre.*

Le dieu-chasseur... Dans le fond, t'aimes chasser, c'est dans ce sens-là...

PIERRE PERRAULT

J'aime chasser mais...

STÉPHANE-ALBERT BOULAIS

Alors... c'est ma mythologie... (Il rit.)

PIERRE PERRAULT, *qui rit aussi.*

C'est encore pire!!

Le cinéma direct selon Perrault

Pierre Perrault est sans doute celui qui, parmi les cinéastes du «direct» québécois, a le plus systématisé le refus de la fiction et qui ne s'est jamais aventuré à en produire. Il fallut à ce pourfendeur du cinéma-opium un premier séjour à Cannes en 1963 puis un second en 1967, pour la présentation du *Règne du jour*, pour se convaincre définitivement de la médiocrité du carton-pâte et de la pauvreté des illusions de nos lanternes magiques. Là-bas, il provoqua le bruit et la fureur en apportant sur la Croisette un petit goût sauvage d'anarchie et de révolte qui, resitué en 1967, fait écho au cinéma si particulier, si personnel des Jean-Pierre Lefebvre et Gilles Groulx. Cinéma personnel — anticinéma sans toujours le théoriser — le cinéma québécois crevait alors l'écran des préjugés et des habitudes.

Dès ses premiers films Perrault trace une opposition éminemment politique entre l'écriture — celle des livres de littérature importés de France — et l'écriture cinématographique. La sienne. Celle du cinéma direct qu'il nomme plus volontiers «cinéma du vécu». Dès ce moment, son cinéma est aux antipodes du cinéma ethnographique; l'ethnologue est du côté de l'écriture, même derrière une caméra, c'est la rationalité de l'écriture qui prédomine, la linéarité du texte. Perrault, lui, verse du côté du cinéma, de ce 16mm quasi fabuleux dans ses possibilités d'enregistrer simultanément l'image et le son et, selon lui, de restituer l'épaisseur de la vie. Par ce biais, il trouve le moyen de *fonder* une mémoire collective, mieux, d'inscrire une culture, la culture québécoise profonde, en voie d'effacement, dans un mode d'écriture radicalement nouveau, qui répond parfaitement au besoin d'*anthropogenèse* du nationalisme renaissant.

Alors, le cinéma direct de Pierre Perrault est-il un mythe? D'une certaine façon, oui. Cette réponse n'est pas une condamnation, au contraire. C'est un mythe fondateur qui participe amplement à la mise sur pied du cinéma québécois et à la constitution d'une nouvelle culture, cela en communion avec la chanson, la poésie et la littérature des années soixante-dix au Québec.

Perrault est de ceux, trop rares, qui, dès ses premiers films, a su demeurer conscient du fait que l'acte cinématographique est aussi et avant tout un acte culturel, que tout film s'inscrit dans le patrimoine culturel, pour le meilleur et pour le pire.

Dès ses débuts, il prétend «transcrire véritablement la vérité de la vie», être un témoin des faits et des choses, tout en reconnaissant que la vérité n'est pas donnée mais qu'elle est construite. Et les meilleurs films du cinéma direct sont fabriqués. En somme, cette manipulation dans laquelle Jean-Louis Comolli voyait «le fondamental mensonge du direct[1]» a particulièrement bien servi le talent de Perrault à traquer les personnages en puissance de fabuler, à débusquer les situations propres à la légende et enfin à assumer un récit et une vision du monde qui sont bel et bien le produit de son engagement dans une écriture.

Voilà sans doute la première leçon que l'on peut tirer de ce parcours de chasse avec Perrault.

---

1. Jean-Louis Comolli, «Le détour par le direct, I», *Cahiers du cinéma*, n° 209, février 1969.

Tout film s'inscrit dans le patrimoine culturel, pour le meilleur et pour le pire.

En tout cas...

*Avons-nous fait un film? Avons-nous tout
simplement réussi une belle capture? Il est
aujourd'hui impossible de séparer, dans mon
esprit, les deux entreprises.*

Pierre PERRAULT, *la Bête lumineuse*.

Qui dit mieux le cinéma et la chasse réunis que cette question
innocente que pose Pierre lorsqu'il transcrit *la Bête lumineuse* et
réfléchit sur sa démarche? Et l'aveu de l'impossible séparation «dans
son esprit» de la chasse et du film pose pleinement le problème de
ce cinéma qui travaille non pas «avec de la viande morte», à l'instar
du chasseur-cuisinier Bernard L'Heureux, mais bel et bien avec la
vie, les émotions intimes et les tensions des protagonistes. Jusqu'où
peut-on aller dans la «mise en crise» qui caractérise l'intervention
du cinéaste, car il y a toujours chez Perrault une profonde intervention dans la réalité qu'il observe : soit qu'il rende possible la
réinvention de la pêche au marsouin comme dans *Pour la suite du
monde* et inaugure ainsi la parole fabulatrice d'Alexis et de ses amis
de l'île aux Coudres, soit qu'il propose le voyage (secrètement désiré
par Marie et Alexis) en France sur la terre des ancêtres... On pourrait
ainsi repérer dans le cheminement de chacun de ses films le moment
où il donne un petit coup de pouce à la réalité, en aidant à créer la
situation qui va provoquer la crise, en ajoutant consciencieusement
la goutte qui fait déborder le vase de la tension et des émotions.

Dans *la Bête lumineuse,* par exemple, le coup de pouce, c'est d'avoir su répondre au désir de Stéphane-Albert de faire un film et de lui avoir permis ainsi de rejoindre, chasseur maladroit et archer novice, ses amis d'enfance de Maniwaki. J'en veux pour preuve le témoignage de Stéphane-Albert lui-même : «Ce ne fut qu'en mars 1980, pendant un repas donné par Yvan (Dubuc) à Montréal, que Pierre me demanda de participer au film sur la chasse qu'il prévoyait tourner l'automne suivant. J'acceptai, non sans inquiétude. L'idée me plaisait, mais, en même temps, elle me confrontait à certaines peurs, entre autres celle de me laisser voir sous tous les angles. Je pensais alors à la finale du *Règne du jour* et à la séquence du marin breton d'*Un pays sans bon sens,* deux portraits particulièrement vifs. En contrepartie, la proposition de Pierre me donnait enfin la chance de pouvoir connaître l'envers du décor. Ma curiosité et cette attirance eurent raison de mes réticences[1].»

Lorsque j'ai suggéré à Pierre d'inviter Stéphane-Albert à se joindre à la chasse au lièvre dans mon propre tournage, je soupçonnais tout ceci. Je me doutais bien que derrière l'image du poète naïf et parfois insupportable, que son ami Bernard immole littéralement dans *la Bête lumineuse,* il y avait une conscience aiguë du sens de l'entreprise de Perrault et une fascination pour le saut dans le vide qu'elle représentait pour lui. Ici, l'occasion allait lui être donnée de demander des comptes. Une manière en somme pour le lièvre d'interroger le chasseur sur les raisons de la capture et de lui en dire les effets.

> La scène qui suit a été tournée à Montpellier, en France, dans la salle du cinéma Le Club. Elle aurait pu tout aussi bien être tournée à Cannes... C'est la fin de la projection de *la Bête lumineuse.* Sur l'écran, prisonniers de l'image et du celluloïd : les personnages de Perrault. Dans la salle : le public que l'on va découvrir et Perrault, prisonnier du public. Plein cadre — l'image et l'écran se confondent d'abord —, débute la séquence finale de *la Bête lumineuse,* comme une citation : devant le lac-à-foin-du-petit-matin, Bernard explique le sens de la chasse à Stéphane-Albert.

---

1. S.-A. Boulais, *op. cit.*

BERNARD L'HEUREUX

Tu travailles tout le temps avec de la viande morte... Ben tu dis :
Bon, moi aussi j'ai le droit d'en tuer!... J'ai le droit de faire ma
part là-dedans... Pour voir ce que c'est... Tu sais... que d'arrêter
la vie à un moment donné... Parce que toi itou tu vas finir par passer
au cash... Pis l'automne, c'est la saison où la nature passe au cash.

> Et le montage rappelle que l'explication de Bernard est
> là pour répondre au désespoir de Stéphane-Albert. La
> scène se passe à l'intérieur du camp de chasse. La violence
> verbale est à son comble.

STÉPHANE-ALBERT BOULAIS, *furibond.*

Crisse, t'as rien... T'as même pas le sens des viscères, sacrament!
T'en éventres des viscères à tous les jours... osti... Tu crèves...
crisse... ton lapin!!! Tu crèves ton orignal... pis ton ours!!! [...]
C'est quoi l'homme pour toué? C'est quoi Bernard, osti! C'est quoi?
C'est rien qu'une table? C'est même pas... osti... l'art de celui qui
l'a faite... crisse! C'est quoi? C'est de l'objet pis du matériel... [...]
Qu'est-ce que c'est que tu m'as dit à... soir? Pis sais-tu ce que c'est
que tu m'as fait vivre?

Voix de BERNARD L'HEUREUX

Oui... oui...

Voix de STÉPHANE-ALBERT BOULAIS

Tu m'as fait vivre un moment extrêmement pénible.

BERNARD L'HEUREUX

Pis toué... la semaine...

Voix de STÉPHANE-ALBERT BOULAIS

Moué, je l'avais... Un instant! Moué la semaine! Qu'est-ce je t'ai
fait cette semaine? Qu'est-ce que je t'ai fait cette semaine?

BERNARD L'HEUREUX

Rien!

Voix de STÉPHANE-ALBERT BOULAIS

Quoi?

BERNARD L'HEUREUX

T'as rien faite.

Voix de STÉPHANE-ALBERT BOULAIS

Comment j'ai rien faite, Bernard?

BERNARD L'HEUREUX

T'as rien faite, Albert!

> L'image s'éloigne, se rapetisse. On découvre la salle de cinéma, on devine les spectateurs. Sur l'écran, il y a maintenant Stéphane-Albert; il est en gros plan devant le petit-lac-à-foin-du-dernier-matin; il est planté là comme quelqu'un qui n'a plus rien à dire.

STÉPHANE-ALBERT BOULAIS

En tout cas…

> L'image se tourne vers Bernard, qui décharge sa carabine. L'écran revient plein cadre.

Voix de STÉPHANE-ALBERT BOULAIS

Bon… ben… qu'est-ce qu'on fait, Bernard?

BERNARD L'HEUREUX

On s'en va à la camionnette…

Voix de STÉPHANE-ALBERT BOULAIS

En tout cas, j'espère que tu ne m'en veux pas?

BERNARD L'HEUREUX

À mort. (Il rit.)

> L'image de Bernard se fige. Il a le fusil en travers de la poitrine et, entre les doigts de la main, en éventail, il tient les balles de son chargeur. Le générique de la fin se déroule sur cette image. Progressivement la salle se rallume. Les spectateurs qui restent applaudissent. Pierre sort de l'ombre et gagne le devant de la scène. Lentement, dans les murmures épars de quelques spectateurs qui chuchotent des commentaires, il se tourne vers le public. Il sourit, fixe l'assistance et attend. Puis, pour rompre le silence, il commence à parler, presque à voix basse.

PIERRE PERRAULT

Je vais dire comme Stéphane-Albert : «En tout cas…» (Un silence avant de reprendre un peu plus fort.) Si vous n'êtes pas trop découragés… on peut répondre à quelques questions. Je sais qu'il est très tard... Il fait beau dehors, il fait doux... (Il regarde le public comme un enfant mutin. Silence. Il sourit comme pour s'excuser d'être là.)... C'est difficile, hein!

> Des yeux, il interroge le public qui se tait. Le silence est rompu par la voix de Maurice Chaillot, comme une mauvaise conscience, qui nous ramène au chalet et à la discussion qui s'anime à la fin du repas de chasse.

Voix de MAURICE CHAILLOT, *puis Maurice apparaît en gros plan, à table.*

Est-ce que tu te rends compte de l'effet que ça fait dans l'âme de la personne que tu filmes d'être filmée... Parce que ça nous a tous bouleversés... Stéphane a été bouleversé pendant longtemps... Moi aussi. Ça prend longtemps à se...

Voix de PIERRE PERRAULT

Dans *Un pays sans bon sens?*

MAURICE CHAILLOT

Ah oui! Je refusais de me voir d'abord... Quand je me suis vu, je ne pouvais pas m'accepter comme ça...

Voix de PIERRE PERRAULT

Ça ce n'est pas vrai...

MAURICE CHAILLOT

Ah?... (doutant)

> Mais Pierre l'interrompt.

PIERRE PERRAULT

Souviens-toi!...

MAURICE CHAILLOT

Oui, je sais qu'il y a des choses atténuantes... S'il y a une foule dans la salle, ça aide, mais ça peut faire le contraire aussi...

PIERRE PERRAULT, *en bout de table, il a retroussé ses manches, comme un chirurgien...*

Je sais pertinemment que l'image de soi-même est toujours décevante... Maintenant, ce que tu as dit dans *Un pays sans bon sens* ou dans *la Bête lumineuse,* ce que Stéphane-Albert a dit, il l'a dit... C'est lui!...

«Est-ce que tu te rends compte de l'effet que ça fait dans l'âme de la personne que tu filmes d'être filmée...»

Maurice dans le bois du Michomiche en 1982 *(la Bête lumineuse).*

La belle capture

Pierre a raison : «Ce que Stéphane-Albert a dit, il l'a dit!». Qui en douterait? Qui douterait un instant de la complicité du lièvre et du chasseur?

Et Perrault, en retroussant ses manches, s'apprête à dépecer la belle capture, cinq lièvres déjà raidis par le froid, avec le même étonnement, la même curiosité affectueuse, le même soin attentif qu'il met à préparer, dans la salle de montage, les images et les sons captifs.

C'est bien là le paradoxe de ce cinéma qui prend l'affection à témoin jusqu'à la limite de la convenance et qui confirme, s'il le fallait encore, l'étrangeté des liens entre le bourreau et la victime, le chasseur et le lièvre, le cinéaste et le personnage. Ce n'est pas là son moindre pouvoir, et Perrault le sait tout autant que Stéphane-Albert.

«Le surlendemain, nous nous retrouvions encore une fois devant la caméra, sur les bords d'un lac à foin. Bernard me reprocha de n'avoir rien compris à la chasse, de n'avoir rien saisi de la *dynamique du loup,* et d'avoir voulu délibérément être la victime. Je lui rétorquai que j'avais toujours joué ce jeu avec lui. [...]
Car, enfants, nous jouions aux cow-boys sur la colline en face de chez-moi. Je faisais l'Indien, il faisait le chef de gang; dans *la Bête lumineuse,* il continue à faire le chef de gang et moi l'Indien.

Il aura donc fallu une longue descente dans la douleur psychologique pour arriver à circonscrire le problème. Aurait-ce été pareil sans caméra? Cette question est non seulement légitime, mais nécessaire.

Six ans plus tard, je me sens autorisé à répondre non. Pourtant, Pierre et son équipe n'ont pas créé de toutes pièces ce drame. Il était là en puissance bien avant que l'ONF n'arrive au Michomiche. Mais la caméra et le magnétophone monopolisent l'attention, excitent les passions, suscitent l'envie. En eux miroitent les promesses de l'écran, celles de l'éclat et de la popularité[1].»

À l'intérieur de la salle de cinéma, devant l'écran qui vient de s'éteindre, voici le cinéaste, face au public, sommé de s'expliquer.

PIERRE PERRAULT

Et ça, ben vous êtes... encore une fois, c'est mon témoignage qui est en jeu... Moi... par affection pour ces gens-là, je cherche à rendre exactement l'essentiel de ce qui s'est passé et à rendre le plus possible justice aux gens... J'avertis tout de suite qu'il y a des séquences, il y a des moments où les gens font des bêtises inutilement qui ne leur rendent pas justice et... à mon avis, ces parties-là ne font pas... ne doivent pas faire partie du film... Je les élimine.

Tandis qu'à l'intérieur du chalet familial, Pierre essaie de rassurer Stéphane-Albert et Maurice qui échappent progressivement à ses arguments.

PIERRE PERRAULT

Le drame de l'image... et je me souviens de l'histoire de Stéphane-Albert... C'est-à-dire que nous on l'aimait... mais il a fait rire de lui par ses copains. Mais il fait rire de lui par ses copains tous les jours, sauf que...

Voix de STÉPHANE-ALBERT BOULAIS, *qui proteste.*

Non... non...

---

1. S.-A. Boulais, *op. cit.*

PIERRE PERRAULT
… attends un peu…

STÉPHANE-ALBERT BOULAIS
… faut pas exagérer!!

PIERRE PERRAULT, *paternaliste.*
J'exagère un petit peu, mais disons «souvent»… Mais faire rire de soi, ce n'est rien… mais faire rire de son image… c'est épouvantable…

STÉPHANE-ALBERT BOULAIS, *ne tenant plus, intervient embarrassé.*
… Faut s'entendre… D'abord je te corrige… Ça dépend des situations… On fait rire de soi dépendamment des situations dans lesquelles on se trouve…

MAURICE CHAILLOT *acquiesce de la tête et garde éloquemment le silence!*

STÉPHANE-ALBERT BOULAIS, *se sentant appuyé, poursuit avec plus d'allant.*
C'est sûr qu'à la chasse, n'étant pas chasseur, je peux faire rire de moi… Mais je veux dire dans mon milieu de travail, je ne fais pas rire de moi, tu comprends…

> Le montage confirme ce que Stéphane-Albert vient de dire : à la chasse, n'étant pas chasseur, il peut faire rire de lui. Un peu plus tôt, au cours de la journée, Stéphane-Albert et Maurice étaient à l'affût (sans fusil!) dans une situation qui reprenait fortuitement la position d'attente des archers qu'ils furent dans *la Bête lumineuse.*
> Ils scrutent attentivement le bois d'où la voix de Pierre leur parvient.

Voix de PIERRE PERRAULT, *impérative.*
Soyez silencieux… soyez silencieux!

STÉPHANE-ALBERT BOULAIS ET MAURICE CHAILLOT *chuchotent.*
Oui… Oui…

> Docilement, ils reprennent leur attente immobile sur la petite butte enneigée.

> MAURICE CHAILLOT, *se rappelant la fameuse attente de l'orignal lors de leur aventure commune.*

T'as pas l'impression qu'on a déjà vécu quelque chose comme ça...

> STÉPHANE-ALBERT, *qui prend conscience de la situation et rit en se retenant de faire du bruit.*

Oui. (Il se retourne vers Maurice et, ce faisant, perd son équilibre, déjà instable sur les raquettes et dans la neige molle. Il s'écroule, la face en avant, et disparaît jusqu'aux épaules.) Regarde-moi l'air, je suis pogné... osti! (Il rit bruyamment tandis que ses bras pataugent dans la neige sans espoir d'en sortir.)

> MAURICE CHAILLOT, *qui lui vient en aide, Hardy secourant Laurel, tendrement.*

«Regarde-moi l'air, je suis pogné... osti!»

Mon beau Stéphane!

> Maurice lui prend un bras et le tire pour le sortir de sa mauvaise posture. Sans succès. Stéphane-Albert est trop lourd pour lui.

STÉPHANE-ALBERT BOULAIS

Je l'avais dit... Je cale avec ces maudites affaires... Silence qu'il nous disait! Imagine-toi... (La suite se perd dans le rire qui le secoue tandis que Maurice, plein de bonne volonté, cherche à le sortir de là, en vain.)

> Le montage revient à l'intérieur du chalet. Stéphane-Albert est en gros plan, il se tait.

Voix de PIERRE PERRAULT

On est allés à la chasse aujourd'hui, tu as été le premier à rire de toi, du fait que tu n'étais pas chasseur.

STÉPHANE-ALBERT BOULAIS, *sans hésiter*.

Ce qui arrive, c'est que le problème qu'on vit profondément quand on se voit, c'est qu'on est proposé comme modèle! Quand je vis mon émotion d'une façon passionnée... Je veux dire : je ne veux pas l'imposer aux autres; mais forcément le fait d'être... comment je pourrais dire? ...de choisir ces plans-là, pis de les mettre dans un film... ben... c'est un modèle... en tout cas les gens le lisent comme un modèle et rejettent ce modèle-là ou ils le prennent... O.K.! Mais c'est ça qu'il faut vivre.

Pas besoin de couteau pour faire ça!

«Vivre cela», c'est d'abord accepter de vivre tout court devant la caméra et le magnétophone, qui s'installent d'abord pudiquement et sans effraction apparente comme les raquettes du chasseur dans le bois matinal, puis qui ne lâchent plus ni la piste ni la trace tant que demeure l'espoir d'une prise; enfin qui «avalent la vie» tout simplement pour la mettre en récit. Stéphane-Albert l'a appris à ses dépens et ne regrette rien. Pierre l'avoue et le justifie.

> «Tout était filmé ou presque, pas de répétitions, pas de mises en place, pas de *cadrages*, tout était bon, les ciseaux feraient le reste. Et celui qui est filmé ne change pas de peau entre deux séances. On ne lui apporte pas de textes après le souper pour qu'il les mémorise avant de se coucher. Même son lit est un plateau de tournage où il conduit les fatigues de la journée. Avec elles il s'endort, avec elles il se réveille. Il habite la caméra et le magnétophone. Comme il n'a rien à apprendre mais tout à fabuler, il ne peut pas se tromper. Le cinéma avale tout rond sa joie, ses réticences, sa révolte, même sa pudeur[1].»

À l'intérieur de la salle de cinéma, Pierre a retrouvé son assurance; volubile, il explique sa démarche de cinéaste

---

1. S.-A. Boulais, *op. cit.*, p.15.

comme s'il élaborait un plaidoyer en sa faveur, en réponse à des attaques cent fois entendues.

PIERRE PERRAULT

Mon procédé, c'est d'essayer de raconter ce que j'ai vu : c'est évidemment ma... ma version des faits; mais cette version des faits-là, on peut dire qu'elle ne provient pas d'un ouï-dire, car c'est eux qui parlent.

> Tandis qu'à l'intérieur du chalet, Stéphane-Albert, moins assuré, plus timide d'abord, tente de dire à Pierre sa «version des faits», son vécu de non-comédien se retrouvant sans armes ni défense à l'écran.

STÉPHANE-ALBERT BOULAIS, *tout en mangeant son dessert.*

Oui, mais on est désavantagé par rapport au comédien de fiction, dans le sens suivant : que lui peut choisir son rôle... il peut finalement choisir le modèle qu'on va proposer de lui. Comprends-tu?

> Gros plan sur Maurice Chaillot qui acquiesce et encourage du regard son compère.

Voix de PIERRE PERRAULT, *qui tente un commentaire.*

... il peut mourir sur l'échafaud...

> Mais Stéphane-Albert a décidé de poursuivre... Il n'écoute plus Pierre.

STÉPHANE-ALBERT BOULAIS

... tandis que nous autres, et bien finalement, on reste tel qu'on est là! O.K.! C'est fini! Je suis pour bien des gens qui ne me verront jamais, qui ne me connaîtront jamais, je suis celui qui pleume un lièvre et qui, pardonnez-moi l'expression,...

MAURICE CHAILLOT

... pleume son renard!

STÉPHANE-ALBERT BOULAIS, *poursuivant son idée.*

L'euphémisme, qui vomit... O.K.! qui pleume son renard...

> Le récit de Stéphane-Albert appelle, provoque littéralement la citation de la séquence de *la Bête lumineuse* qu'il

évoque. Rêve ou cauchemar pour celui qui reste prisonnier de l'image.

Devant le camp, dans un bois d'automne, Stéphane-Albert tient le lapin, à moitié déshabillé, par les pattes arrière. Le ventre est ouvert. Il a arraché les intestins et ne peut retenir son «dédain». Son estomac ne fait qu'un tour. Sous les rires et quolibets de ses compagnons de chasse…

STÉPHANE-ALBERT BOULAIS

Je l'sais pas pourquoi j'ai le dédain finalement. (Il rit de sa propre affirmation.) Le gars, il a les mains dans le sang… pis, il sait pas pourquoi il a le dédain.

> Voix d'un CHASSEUR, *qui s'aperçoit que Stéphane-Albert perd contenance et va vomir malgré son rire.*

Non, non, ne sois pas malade… là.

STÉPHANE-ALBERT BOULAIS

Non, non… (Il a un haut-le-cœur, tous les chasseurs en rient à la cantonade. Il se tourne pour vomir et reprend courageusement son lapin…) J'vas l' pleumer, mais… viarge…

Voix d'un AUTRE CHASSEUR

C'est pas ton renard… c'est ton lapin qu'il faut que tu pleumes. (On dit de celui qui vomit après avoir trop bu «qu'il pleume son renard».)

STÉPHANE-ALBERT BOULAIS

Tant qu'à pleumer, pleumons toute…

> À l'intérieur du chalet. À la table. L'évocation de cette situation cinématographiée trouble Stéphane-Albert.

STÉPHANE-ALBERT BOULAIS, *à Pierre.*

Je reste pour bien des gens que je ne verrai jamais dans ma vie, je reste ça… comprends-tu?

> Extrait de *la Bête lumineuse.*
> De dos, Stéphane-Albert, courbé sur son lapin, pleume son renard… tandis qu'une voix commente, ironique.

Une voix

Ton rhum! Le rhum lui fait pas!!

«Je reste ça... comprends-tu?»

STÉPHANE-ALBERT BOULAIS *se retourne vers les*
rieurs, s'essuie la bouche.

Maudit pleumage...

(Rires.)

À l'intérieur du chalet. À la table, Stéphane-Albert poursuit sa réflexion, de plus en plus échauffé.

STÉPHANE-ALBERT BOULAIS

Qui ne se soucie pas de son image dans une vie? Je veux dire, tu
te regardes dans le miroir des fois avant d'aller travailler... Tu te
peignes..., etc. Mais c'est la même chose, sauf que moi là, je ne
peux plus me repeigner; l'image est là...

Une des convives, Marie-Andrée (la nièce de Pierre), cherche à l'interrompre en le désignant du doigt.

> MARIE-ANDRÉE, *qui prend conscience soudain*
> *qu'elle est elle-même filmée, à peine*
> *audible, comme pour elle-même.*

Montrer du doigt, c'est pas joli! (Puis à l'adresse de Stéphane-Albert.) Par contre, tu reprends ce soir... tu reviens et tu sais que tu es filmé... donc tu l'acceptes!

> STÉPHANE-ALBERT BOULAIS

Non... mais je reviens par amitié pour Pierre... J'aime son cinéma! Non, je ne regrette pas...

> MAURICE CHAILLOT, *qui surenchérit.*

Non... moi je ne regrette pas non plus...

> STÉPHANE-ALBERT BOULAIS, *très animé.*

Pas du tout! Je veux simplement dire, par rapport finalement au type de cinéma de fiction, ce que ça peut être «être un personnage dans un film». Comprends-tu?

> MAURICE CHAILLOT *intervient comme pour*
> *préciser et justifier les impressions de*
> *Stéphane-Albert.*

On a tous des moments de grande vulnérabilité ou de choses de ce genre... Mais si on te filmait à un moment où c'est un moment très intense pour toi... c'est dur de le revoir ce moment intense...

> Dans la salle de cinéma, devant l'écran blanc, Pierre
> confesse sa profonde conviction en ce travail du cinéaste
> qu'il conçoit comme une tentative d'assumer jusqu'au
> bout la «vérité» de ce qu'il montre. Sa vérité, en somme.

> PIERRE PERRAULT

Moi, j'essaie de découvrir en chaque homme une inspiration... Quand elle n'est pas là, quand elle tarde à venir... je l'attends... je l'attends même avec la caméra. (Il brandit devant lui à ce moment-là une caméra imaginaire qu'il porte à l'épaule... comme un fusil!) Et puis quand elle est arrivée, je supprime ce qu'il y a avant... parce que, ça, c'est un travail de griffonnage... bon... c'est un peu ça le montage... au fond, ce n'est pas biffer quelque chose de vrai ou de moins vrai ou de pas vrai, c'est simplement permettre d'attendre le moment et puis de donner le meilleur moment de l'homme... c'est lui rendre justice...

Dans la salle, un spectateur demande la parole.

LE SPECTATEUR[2]

Finalement on pourrait très bien raconter une toute autre histoire en se servant exactement des mêmes éléments. Le montage tel qu'il est fait là à mon avis, il introduit, c'est vrai, votre version des choses, mais c'est votre récit, et, en ce sens-là, est-ce que finalement le montage, potentiellement, il n'est pas fictionnel? C'est ça qui me tracasse, parce que moi, tout le reste je l'admets. Quant au fait que ça change les gens quand ils font un film, je pense que pour les acteurs c'est la même chose... hein?... Quant à voir qu'est-ce que ça fait sur les gens, ça c'est un autre problème!

> En fait, c'est le témoignage de Stéphane-Albert qui va répondre à l'inquiétude du spectateur et lancer le débat avec Pierre à l'intérieur du chalet, autour de la table desservie.

STÉPHANE-ALBERT BOULAIS

Moi, entre autres, l'expérience que j'ai vécue : j'ai été voir le film *la Bête lumineuse* incognito...

> MAURICE CHAILLOT, *n'y tenant plus, éclate de rire.*

Tu y es allé habillé en Maurice Chaillot!...

STÉPHANE-ALBERT BOULAIS

Incognito, tu t'rends compte...

Voix de MARIE-ANDRÉE

Tu t'es mis des verres fumés pis un grand chapeau d'Al Capone! Comme un acteur...

> STÉPHANE-ALBERT BOULAIS, *au milieu du chahut de la tablée, il tente de raconter son histoire.*

À un moment donné, il y avait quelqu'un en arrière...

---

2. Il s'agit d'Henri Talvat, un cinéphile bien connu à Montpellier.

> MAURICE CHAILLOT, *qui l'interrompt en imitant la voix de microphone d'un hypothétique annonceur.*

On voudrait vous annoncer que Stéphane-Albert Boulais...

> STÉPHANE-ALBERT BOULAIS, *il continue malgré les rires.*

Je ne sais pas trop, c'est...

> Voix de MARIE-ANDRÉE, *qui prend la suite de l'annonce de Maurice Chaillot.*

... mange du pop-corn pendant sa vue... et il ne vomit pas!! (Toute la table s'esclaffe.)

> STÉPHANE-ALBERT BOULAIS

Arrêtez donc... ça fait que... crois-moi, crois-moi, incognito, hé! Tu vois-tu ça... incognito. (Tentant de calmer les rires.) Non, mais, on fait des blagues... Farce à part, c'est quand même...

> YOLANDE PERRAULT, *l'interrompant.*

Dis-moi pas que tu as payé pour aller voir cette vue-là?

> STÉPHANE-ALBERT BOULAIS

Oui, j'ai payé... non... je ne sais pas s'il ne m'a pas remboursé après...

> PIERRE PERRAULT

T'as payé!!

> STÉPHANE-ALBERT BOULAIS, *reprenant courageusement.*

En tout cas... Oui, oui... Je rentre là, je m'assois... pis à un moment donné (à Maurice Chaillot), tu me dis... tu dis : «Hé, le poète», en parlant de moi... Y a quelqu'un qui crie en arrière : «Lui, poète? Poète, mon cul!»... T'sais... ça fait mal! J'étais assis en avant pis commence un dialogue avec l'écran...

> Apparaît en citation la scène de *la Bête lumineuse* à laquelle Stéphane-Albert fait référence : assis à la table devant un «petit verre» avec Maurice Chaillot, Stéphane-Albert, qui vient d'évoquer avec lyrisme son amitié pour Bernard du plus profond de sa mémoire, est pris d'un sanglot, baisse la tête et pleure! Maurice Chaillot lui touche les cheveux, comme une caresse, pour le consoler.

MAURICE CHAILLOT

Je crois que les poètes aiment beaucoup pleurer, moi! Allez... Allez!

> La scène est évoquée rapidement, pour la charge émotive qu'elle comporte, tant pour Stéphane-Albert que pour Maurice. Nous sommes à nouveau, au milieu des rires, dans le chalet. Stéphane-Albert poursuit son récit.

STÉPHANE-ALBERT BOULAIS

Je me retrouve dans cette salle-là, mais là c'est un dialogue... mais non seulement ça, c'était des commentaires... comme ceci : «Lui! Poète, mon cul!»

Voix de MARIE-ANDRÉE

Et puis?

STÉPHANE-ALBERT BOULAIS, *troublé*.

Ça me... C'est pas tous les jours qu'un homme a la chance de...

PIERRE PERRAULT, *le devançant*.

... de se voir incognito...

> Stéphane-Albert rit et toute la table avec lui.

STÉPHANE-ALBERT BOULAIS

Non, ce n'est pas tous les jours... en tout cas... je l'ai vécu... Évidemment ça t'fait... Y a d'autres moments quand tu vois les gens rire... là ça te regrimpe... J'étais comme une vague... T'sais..., un bateau (il fait le geste) : je montais, je descendais!

MAURICE CHAILLOT

Tu t'vois dans le rire au fond...

STÉPHANE-ALBERT BOULAIS

Non, c'est évident qu'il y a des côtés fascinants... Y a d'autres côtés finalement qui sont plus pénibles, qui sont plus durs... O.K.!... Mais, je veux dire, je ne regrette pas... loin de là! (Avec un sourire gêné... d'en avoir tant dit, il prend son verre... d'eau et le porte comme un toast en direction de la caméra!)

PIERRE PERRAULT

Dans tout ça, il y a quand même une petite fatuité personnelle qui est en jeu parce qu'on voudrait bien être soi-disant impeccable... mais l'intérêt c'est justement de ne pas l'être, impeccable... Pour moi!

Voix de Maurice Chaillot, *en commentaire.*

Pour toi?

Pierre Perrault, *surpris.*

Ben oui!

Voix de Maurice Chaillot

Mais il s'agit de nous autres, là!

(Rires.)

Pierre Perrault

Oui, mais vous ne m'intéressez pas dans la mesure où vous êtes impeccables.

Voix de Maurice Chaillot, *commentant en parallèle.*

Mais ça nous intéresse, nous...

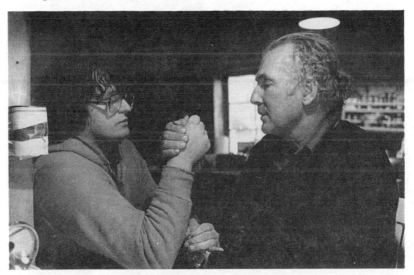

Pierre Perrault, *poursuivant.*

Vous m'intéressez dans la mesure où vous êtes vulnérables, donc humains.

Voix de Stéphane-Albert Boulais, *faussement séduit par l'argument de Pierre.*

Ça, c'est bien dit... (ironique) ouais!!

Pierre Perrault, *convaincu.*

C'est ça... Autrement, ce n'est pas la peine... Autrement, je ferais de la fiction... Bon Dieu! Je ferais des films de cow-boys... Ils tirent toujours et puis ils ne manquent jamais leur coup. (Il mime.)

«Vous m'intéressez dans la mesure où vous êtes vulnérables, donc humains.»

STÉPHANE-ALBERT BOULAIS, *ne pouvant plus se contenir.*

Voudrais-tu en faire un avec nous autres...? (Puis en s'esclaffant.) Hein, Maurice! Tu nous vois-tu en cow-boys tous les deux?

> Pierre éclate littéralement de rire et toute l'assistance en écho. On aligne les lièvres blancs sur la table. Stéphane-Albert se recule...

Voix de YOLANDE PERRAULT

On a des lièvres à arranger.

STÉPHANE-ALBERT BOULAIS

En tant que spécialiste du lièvre... du lapin, je vais superviser (rires)... de loin!

> Pierre, manches relevées, délicatement et sans effort apparent — «du bout des doigts» pourrait-on dire — «déshabille» le premier lièvre. Stéphane-Albert s'étonne :

STÉPHANE-ALBERT BOULAIS

Mon Dieu! Tu ne prends pas de couteau, toi...?

PIERRE PERRAULT

Ben, non! Y a pas besoin de couteau pour faire ça!

Un cinéma à hauteur d'homme

Dans le silence revenu, Pierre dépouille le lièvre blanc en retournant délicatement la peau de la main droite, tandis qu'il tient fermement suspendues les pattes arrière dans la main gauche. La caméra glisse doucement le long de l'animal à demi dépecé jusqu'à la tête qui repose inerte sur la table. L'image semble se figer, tandis que le spectateur-cinéphile reprend la parole.

Voix du SPECTATEUR

Vos personnages que vous avez pris dans la vie... ils sont prisonniers de votre récit!

Henri Talvat, le cinéphile, met l'accent sur un des problèmes fondamentaux de ce cinéma. En effet, il y a ce que voit et vit le personnage, il y a ce que vit et voit le cinéaste. Et cela Perrault le sait bien, même si parfois il contourne la question. Et devant l'écran blanc, moins assuré, plus tendu, Pierre se défend à nouveau en mettant de l'avant son idéal du vrai qui récuse toute fiction, en affirmant, à sa façon, somme toute comme l'affirmait Stanislavski à propos du théâtre, que le metteur en scène meurt dans l'acteur.

PIERRE PERRAULT

Moi, je prétends ne pas faire une manipulation; je prétends qu'il y a un seul montage possible... à mes yeux! On peut manipuler du métrage évidemment comme on veut; la seule direction possible c'est celle que j'ai essayé de définir. C'est une fidélité à ce qui s'est passé, à ce qui s'est produit devant moi et une fidélité aux personnages. Ce qui ne me laisse pas de manœuvre... Ce qui me laisse de la manœuvre pour dire... *comment* dire, mais ne laisse aucune manœuvre à savoir *quoi* dire.

LE SPECTATEUR

Je crois à la sincérité de votre témoignage, mais je considère que c'est un témoignage qui, de toutes manières, ne représente pas l'objectivité du vécu... C'est ce qui me tracasse dans tout ce qui s'est dit là. Et donc, de ce point de vue-là, moi, je considère que, en tant que spectateur, et pourquoi je serais déformé de ce point de vue, je revendique devant vos films mon droit au rêve et à la fiction. Je le revendique.

Moi, quand j'ai vu *Pour la suite du monde,* c'est un film qui m'a fait rêver et moi, je ne l'ai pas vu uniquement comme un document. Et tous vos films d'ailleurs, ça a été pareil. Moi, je ne sais pas, mais j'ai encore des images des *Voitures d'eau* dans la tête... et c'est parce que c'était un document; c'est parce que dedans, il y avait des choses qui me parlaient du point de vue de mon imaginaire... du point de vue de la fiction... Vous voyez ce que je veux dire.

Alors, vous n'avez peut-être pas voulu le faire, mais vous l'avez produit sur certains spectateurs...

En refusant la fiction, le cinéma de Perrault a exploré de nouvelles pistes mais sans pouvoir échapper réellement aux conditions du récit qui déterminent chez le spectateur une «lecture fictionnelle». Car c'est dans la fiction que l'authenticité et la véracité du récit continuent à s'ancrer et à se fonder.

En ce sens, Gilles Deleuze a raison de rappeler que «la rupture n'est pas entre la fiction et la réalité, mais dans le nouveau mode de récit qui les affecte tous les deux[1]», et rien ne résume mieux la tentative de Perrault d'opposer à la fiction — toujours dominatrice puisque le modèle de vérité appartient d'abord aux impérialismes culturels — la capacité de fabuler des pauvres et des minoritaires.

Des marginaux (dans le sens radical du mot sanskrit *marga* qui désignait la piste de l'animal que l'on pourchasse ou l'erre). Capacité de fabuler qui «donne au faux la puissance qui en fait une mémoire,

---

1. Gilles Deleuze, *op. cit.*

une légende, un monstre. Tels le dauphin blanc de *Pour la suite du monde,* le caribou du *Pays de la terre sans arbre* et, par-dessus tout, la bête lumineuse, le Dionysos de *la Bête lumineuse*[2].» C'est sans doute là ce qui inscrit la démarche du cinéma de Perrault dans les enjeux de la création authentique : détruire les modèles de vérité pour produire la vérité, la vérité du cinéma contre les puissances du faux. En ce sens l'entreprise de Perrault rejoint celles de Rouch, de Resnais, de Godard, de Welles. Au bout de la piste du lièvre — et du personnage — l'enjeu n'est plus seulement la belle capture, mais bien la poursuite de la poursuite...

> Extérieur. Nuit. La façade du cinéma Le Club à Montpellier. Cadre fixe. Devant, la rue et les autos par vagues. À l'arrière-plan, le hall du cinéma est éclairé, de même que les affiches des films au programme, au-dessus de l'entrée.
>
> Pierre sort de la salle, seul; il descend lentement les marches qui mènent au trottoir et se met à faire les cent pas devant le cinéma.
>
> Tandis qu'il marche de long en large, on entend comme une sorte de monologue intérieur.

Voix de PIERRE PERRAULT

Je fais un cinéma à hauteur d'homme... Il y a toute la terre pour vivre, qu'est-ce que c'est que ce besoin de rêver. Je veux bien qu'il existe, mais je voudrais... Moi, je veux avoir d'autres préoccupations; c'est tout, parce que je n'ai plus envie de rêver, j'ai envie de vivre avec des gens en chair et en os. Moi je voudrais bien avoir des baleines volantes dans mes films ou des mammouths s'il y en avait dans la réalité... Si je pouvais y faire face. Mais... ce n'est pas ça l'essentiel. Parce que ce n'est pas ça que je poursuis. Je poursuis la poursuite des hommes et non pas l'objet de leur poursuite.

> Pierre sort du cadre, rejeté dans l'ombre, tandis que l'image se resserre, traverse la rue, pousse la porte vitrée du hall, pour s'arrêter en plan fixe sur un portrait géant d'Orson Welles.

---

2. *Ibid.*

Capacité de fabuler qui «donne au faux la puissance qui en fait une mémoire, une légende, un monstre…».

La méthode

La thèse est l'action de poser quelque chose en un lieu. L'important est le lieu, puis la façon de l'occuper. De le prendre, de le tenir, de s'y poser. D'y mettre le pied. Le pied, ici, est trace de la thèse, et la muraille de couleur, la noise, est à la fois la bataille et le bruit, les deux stratégies, matérielle et logicielle, pour avoir lieu et prendre pied.

Michel Serres, *Genèse*.

Avec *Pour la suite du monde* et *le Règne du jour*, Pierre Perrault apportait au cinéma direct le discours de la méthode qui lui manquait. Il rejoignait le territoire que les Gilles Groulx, Jean Rouch et Richard Leacock exploraient à leur façon et venait consacrer un tournant définitif de l'expression cinématographique. Désormais, il ne serait plus possible de faire au Québec du cinéma comme avant. Un art venait de détrôner un autre art. Se confirmait là un bouleversement dans le mode d'écriture cinématographique aussi important que le changement qu'inaugura l'imprimerie lorsqu'elle vint détrôner la primauté de l'architecture : selon la formule de Victor Hugo, le «livre tuera l'édifice». De la même façon, le «direct» remettait en question tout le rapport au cinéma. Perrault le savait déjà et ne cesse depuis de le clamer.

«Ainsi durant les six mille premières années du monde, depuis la pagode la plus immémoriale de l'Hindoustan jusqu'à la cathédrale de Cologne, l'architecture a été la grande écriture du genre humain. Et cela est tellement vrai que non seulement tout symbole religieux, mais encore toute pensée humaine a sa page dans ce livre immense et son monument[1].»

À sa façon et à une terrible vitesse, la machine fictionnelle du cinéma commercial dominant dès les années trente a repris à son compte ce rôle de «grande écriture du genre humain», que lui dispute aujourd'hui la télévision. Le cinéma direct est une étonnante brèche dans cette machine fictionnelle. Avec lui, selon Perrault, «le film appartient à l'imagination, à la poésie, au peuple» et devient une espèce de seconde tour de Babel de l'humanité.

La légèreté technique du «direct», l'amélioration rapide des possibilités d'enregistrement synchrone de l'image et du son, introduisent Perrault à un nouveau rapport à l'écriture. Lui qui, somme toute, est le produit des clercs, homme de texte en rupture de ban, il va se retourner vers la parole brute, non dégrossie par le monde de la littérature, et fera du magnétophone l'outil d'écoute fidèle qu'il faudra transcrire. Instrument mythique, le cinéma direct situe Perrault au carrefour de la non-écriture, impose l'enregistrement soumis des paroles et des sons et implique en conséquence la docilité et l'application de l'audition. Perrault trouve là sa véritable matière littéraire : le magnétophone lui permet d'introduire les mots de la parole dans l'écriture, sans médiation. Pour lui «l'avantage du cinéma direct, il faut bien le dire, c'est d'être incontestable dans son image[2]» et il insistera constamment sur le fait que le magnétophone et la bande magnétique sont un nouveau papyrus. De là bien sûr une autre possibilité d'explorer une culture, d'aller à l'écoute des hommes et, bien entendu, de construire sa propre vision du monde. Le direct annonçait une nouvelle écriture loin des Écritures et répondait, pour Perrault et pour son nationalisme, au besoin d'épique qui s'inscrit toujours dans la tradition orale des peuples.

Cette reconquête de la parole sauvage, aussi naïve qu'elle voulait paraître, n'allait pas sans un projet organisé et cohérent : le projet

---

1. Victor Hugo, *Ceci tuera cela*, cité par Victor Lévy-Beaulieu in *Pour saluer Victor Hugo*, Éditions du Jour, 1970.
2. *Québec français*, mai 1980.

national, la quête du pays, la reconquête du droit à l'existence du peuple québécois. En ce sens la thématique épique de Perrault rejoignait les grands mythes et se construisait autour d'images très fortes — et ses meilleurs films se trouvent là : *Blanchon, le dauphin blanc* de l'île aux Coudres, *le Mouchouânipi* des Indiens, des cinéastes et des ethnologues, ou *la Bête lumineuse* des chasseurs, les «pocailles» de Maniwaki, disent le même rêve fou, les mêmes espérances. Seule la texture de la noise change, mais le motif et le prétexte restent obstinément les mêmes : *la lutte contre l'aliénation du fondamental* dont parle Gaston Miron, le refus têtu de céder la vie et le langage.

Le cinéma de Perrault est pétri de langue vulgaire et récuse de ce fait la langue sacrée des dictionnaires. Cinéma du discours, il n'est pas linéaire : c'est l'écriture qui, de fait, procède de la linéarité.

La lecture de la transcription de ses films nous apprend beaucoup sur la manière dont Perrault travaille la parole initiale — et l'image[3]. Il provoque la parole, provoque les actions de ses personnages. Il capte le son de ces paroles et met les actions en images. Il écoute, il regarde. Il transcrit, lit, écoute encore. Le film se monte ainsi au fil de la parole organisée à partir de la noise originale, du bruit et de la fureur d'Alexis, d'Hauris, de Bernard, le pocaille, ou de la tendresse victime de Stéphane-Albert. De la parole initiale à l'écriture cinématographique, il y a bel et bien transmutation et «fictionnalisation». Le film organise le brouhaha inaugural, les cris et les chuchotements. La parole-matière se marie à l'image, la culbute parfois, souvent la renverse, toujours se joue de la fascination pour proposer l'écoute. L'écriture cinématographique de Perrault s'élabore contre la transparence. Ainsi s'organise une vision du monde, si particulière d'un film à l'autre. Ainsi s'affine en vingt années un cinéma de plus en plus métaphorique, marque de la transmutation de plus en plus intense de la matière filmée. Dans *la Bête lumineuse*, tous les personnages sont transmutés par ce jeu d'affinement, cette fois autour d'une ligne dramatique précise à la mesure de la bête absente/présente. Tout comme Alexis dans *Un pays sans bon sens* ou dans *les Voitures d'eau,* Bernard et Stéphane-Albert sont transmutés. Ce n'est pas la moindre force du «direct selon Perrault» d'être

---

3. Jusqu'à maintenant, Pierre Perrault a publié quatre transcriptions : *Le Règne du jour*, Montréal, Éditions Lidec, 1968; *Les Voitures d'eau*, Montréal, Éditions Lidec, 1969; *Un pays sans bon sens*, Montréal, Éditions Lidec, 1972; *La Bête lumineuse,* Montréal, Éditions Nouvelle Optique, 1982.

capable de pratiquer ce passage d'un état à un autre au sein même des personnages de ses films, tout comme il transmute le cours du film en le faisant aller d'une situation initiale clairement identifiée à une situation finale où chaque élément en présence se trouve modifié, et ceci sans que le film jamais ne présente une résolution, à la différence justement de la fiction «fictionnante» traditionnelle. C'est pourquoi, sans doute, Alexis, Hauris, Bernard, Stéphane-Albert sont «fictionnels» sans être pour autant des êtres de fiction. La force du cinéma de Perrault est justement dans le fait de recourir au «fictionnel», élément essentiel de la relation que le spectateur entretient avec le film, quel qu'il soit, mais en récusant la médiation de «l'histoire que l'on raconte», en somme en évitant le recours au romanesque[4]. Tout cela pour «fabriquer une mémoire qui est en rapport direct avec le réel».

HYPOTHÈSE, THÈSE ET FEINTE

Le cinéma de Perrault n'est donc pas un cinéma de fiction au sens habituel du terme, qui sous-entend une part de soupçon sur l'existence effective des faits et des gestes représentés, et qui apparente le cinéma de fiction à la tromperie organisée. Tromperie — ou tout au moins trompe-l'œil — qui, en fait, est intrinsèque à la machine-cinéma elle-même. De là, et par extension, la fiction désignant au cinéma, comme en littérature, toute création de l'imagination, se trouve associée pour Pierre Perrault à l'idée de dissimulation, à une stratégie du mensonge. Cependant, il serait sans doute légitime de rappeler une définition plus serrée de la fiction entendue comme une construction de l'esprit, comme une tentative de représenter le plus adéquatement possible la réalité. Cette réalité peut être aussi celle du discours des hommes, de la parole qui circule sur un territoire et le nomme. En ce sens, le cinéma de Perrault est un cinéma de fiction qui n'a rien à voir avec la «fiction» vulgaire et dévoyée de la machine hollywoodienne et de ses sous-produits. Car pour rendre le «vécu» si cher aux films de l'île aux Coudres, de l'Abitibi, du Mouchouânipi ou des «pocailles» de Maniwaki,

---

4. Pierre Perrault : «J'ai été chercher quelque part une matière qui me paraissait abolir le cinéma de fiction, le romanesque.»

Pierre Perrault manipule. Il manipule la matière vivante qu'il est allé partager avec ceux et celles qui se mettent eux-mêmes en scène; il façonne la pellicule, écoute, transcrit la bande magnétique pour retrouver la forme fugitive des mots et des êtres qu'il a voulu capter. En somme, *il construit*, tout comme le sculpteur tire du marbre inerte la forme qui ne s'y trouve pas. La fiction, en ce sens noble, marque aussi cela : le «construit» dans l'acte créateur. Le mot *fiction* est sans doute le seul qui rende compte du travail d'écriture de Pierre Perrault, mais il faut l'employer avec circonspection et redonner à la *fiction* la place que Gaston Bachelard lui accordait dans la démarche scientifique[5] : celle de l'hypothèse, qui peut être «fictionnelle» sans être pour autant fictive ou mensongère. Le cinéma (direct) selon Perrault est très certainement le «cinéma de l'hypothèse», qui va en se développant dès *Pour la suite du monde* et qui culmine très nette-

Le cinéma (direct) selon Perrault est très certainement le «cinéma de l'hypothèse». (En tournage avec Bernard Gosselin.)

---

5. Gaston Bachelard, *la Formation de l'esprit scientifique*, Paris, Éditions Vrin, 1960.

ment dans *la Bête lumineuse,* qui constitue à lui seul le véritable discours de la méthode. Il dit de ce film : «J'ai rencontré ces derniers temps un pays insoupçonné [...]. Toute chose dans ce pays silencieux en apparence est mise en légende aussitôt qu'on s'avise d'en parler. Comme si on y vivait encore l'épopée.»

Là-dessus s'élabore l'hypothèse. La chasse elle-même devient proie du film, car tombe le chasseur, tombe l'orignal, et la quête du Graal devient une chasse à l'homme. L'hypothèse est là. La démarche du film est une feinte. Feinte de la raison, tout comme Œdipe répondant au Sphynx, ou le jeu serré de Socrate et de ses interlocuteurs, ou le «supposons le problème résolu» de Descartes. La «feinte», voilà qui pour moi éclaire la démarche de Perrault. Pas une supercherie. Une feinte, la seule façon pour la raison de tirer momentanément son épingle du jeu à partir de la noise initiale. C'est ce qui fait que le cinéma de Perrault dérange et me dérange. Il inquiète, hors des sentiers battus, il sillonne, il drague, il guette. Cinéma de guetteur impénitent, il est en chemin et quadrille le terrain qu'il nomme Québec, parfois, et Québécoisie aussi, par feinte.

L'île aux Coudres.

DEUXIÈME PARTIE

L'inconnu de la page blanche

*[…] filmer, c'est vivre la vie comme un privi-
lège de la mémoire. Filmer, c'est en quelque
sorte, mettre au monde, accoucher d'un fleuve
inédit, ni plus ni moins.*

Pierre PERRAULT, *Caméramages.*

Un cinéma de la fondation

Le cinéma de Perrault circonscrit les lieux réels et mythiques de l'île aux Coudres, des rives du fleuve aux territoires des mots qui les décrivent, du Mouchouânipi où tournent en rond les pourvoyeurs, les Indiens, les curés et les cinéastes, territoire de l'âme d'Hauris Lalancette spoliée par le vieux mythe colonisateur et puis et toujours l'*homme*, le *singe nu* de Maniwaki, quand le Graal est un leurre et qu'il devient en miroir l'objet de la chasse. Toujours, à chaque fois réajustée, l'hypothèse du Québec et de l'Homme québécois s'imaginant dans la conquête de ses mots. D'abord le verbe et le territoire de la parole. Sans doute est-ce là l'essentiel de ce qui constitue ce cinéma de l'anthropogenèse québécoise, cinéma de fondation à l'image du discours unique de la poésie de Gaston Miron. En cela l'œuvre de Perrault s'oppose au passéisme et au fidéisme. Elle instaure bruyamment, violemment, incessamment, la mémoire et l'histoire. Ce cinéma se fait émanation d'une parole collective, autobiographie d'un peuple en devenir. Ici s'organise la noise. Du bruit et de la fureur naît la terrible envie d'être au monde; le cinéma de Perrault décrit et accomplit cette entrée dans l'Histoire d'un peuple d'abord illégitime; il parcourt la genèse d'une bâtardise et, pour reprendre encore une expression de Gaston Miron, «il invente un peuple qui existe»; voici donc un cinéma qui, d'hypothèse en hypothèse, provoque la conscience collective et élabore un travail de légitimation. Nationaliste? Oui; d'un nationalisme qui longtemps m'a rempli de méfiance, avant d'en jauger aujourd'hui la portée et la nature. Remis dans la perspective de *la Bête lumineuse*, le cycle de l'Abitibi[1] et le cycle du Mouchouânipi[2] prennent une tout autre dimension. Les cinq films qui composent ces deux cycles racontent l'histoire des désillusions, celles des colons d'Abitibi dépossédés de leur rêve de royaume comme celles des Indiens du Mouchouânipi coincés entre la bière et les ethnologues. Deux cycles fort gris et amers, insupportables en fait lorsqu'ils paraissent entre 1977 et 1980; tout comme sont insupportables les hurlements d'Hauris et son discours pétainiste, insupportables ces Indiens mythiques noyés dans l'alcool ou dans la faconde pleine de bonne volonté du curé Joveneau. *Le goût de la farine* et *le Pays de la terre sans arbre* sont deux films où se croisent les antagonismes ethnologue/cinéaste/Indiens/curés/marchands, mythe et réalité, sans jamais se prendre ou se résoudre. Violence sourde. Regards croisés, regard du cinéaste sur les regards, et feintes : la curiosité elle-même devient l'objet du *Pays de la terre sans arbre,* film sur le malentendu fondamental entre les Blancs et les Indiens. À ces culs-de-sac répond *la Bête lumineuse*. Ici poètes, chômeurs, chasseurs et cuisiniers se débattent sur le même terrain : marécage, boue, sexe, sang, merde et dégueulis se retrouvent mêlés dans ce lieu fabuleux du Michomiche. Les femmes et les enfants sont restés à la maison. Dionysos s'éveille, fulmine, s'éclate, c'est le retour de la tragédie. *La Bête lumineuse* annonce plus qu'il ne dénonce, il convoque les excès; le direct ici nous montre «réellement» des hallucinations, et le cinéma de Perrault redevient visuel, physique, sensuel et brutal. *La Bête lumineuse* est un film initiatique et annonciateur. Avec ce film, il est difficile de réduire Perrault au nationalisme étroit qui semble avoir été celui du cycle de l'île aux Coudres ou à l'impasse politique du cycle abitibien qui faisait écrire à Michel Euvrard et à Pierre Véronneau :

> «Le cinéma de Perrault exprime une vision du Québec, certes, mais c'est une vision partielle et partiale; Perrault ne voit que ce qu'il souhaite voir : consacrant trois films à l'Abitibi, il ne rencontre que des agriculteurs alors que la grande majorité des emplois dans cette région est fournie

---

1. *Le retour à la terre*, 1976; *Un royaume vous attend*, 1976; *Gens d'Abitibi*, 1980.
2. *Le goût de la farine*, 1976; *Le pays de la terre sans arbre*, 1979.

par les industries minière et forestière. C'est une vision passéiste, fondée sur l'impossible résurrection d'une économie, d'une civilisation, de valeurs traditionnelles; Perrault ne s'intéresse qu'à ce qui va disparaître, c'est un goût qui peut être émouvant tant que le film est seulement document et témoignage, mais sur lequel il est dérisoire de prétendre fonder l'avenir d'un pays[3].»

Aujourd'hui, l'avenir du pays est plus fragile que jamais, même si le présent peut donner, encore un instant, l'illusion d'une implantation solide; les préjugés idéologiques qui maintiennent à l'écart de la critique le cinéma de Perrault doivent s'estomper, au risque de préférer la moralisation à la confrontation analytique. Il faut dire que, ces dernières années, les idéologies en ont pris un sacré coup, au Québec. Ceci devrait être suffisant pour changer le regard que l'on porte sur l'œuvre de Perrault et pour faire accepter la singulière distance qui se marque entre le discours qu'il porte sur ses films et les discours mêmes de ses films : le politique chez Perrault se veut tout autant ontologique qu'anthropologique et cherche à prendre en charge une totalité. C'est, en ce sens, sans doute, que Gaston Miron dit que le concept d'identité chez Perrault ne renvoie plus à une ethnie mais à une conception globale de la culture :

«Je n'ai rien à prouver. Je cherche à montrer et à aimer. En quelque sorte à me choisir où je suis né. Dans cette culture de la misère. À me recommencer moi-même.
À me prendre en images comme on se prend en main[4].»

Perrault a donc voulu faire un cinéma de la fondation en tentant de faire table rase jusqu'à l'extrême d'une culture «venue d'ailleurs», de France d'abord et des États-Unis également, pour se mettre

---

3. *Les cinémas canadiens*, dirigé par Pierre Véronneau, Paris, Éditions Lherminier/Cinémathèque québécoise, 1978.
4. Pierre Perrault, *Caméramages,* Montréal/Paris, Éditions de l'Hexagone/ Éditions Edilig, 1983.

à l'écoute de son pays, refaisant, comme il aime le répéter, «ses humanités dans la parole des gens d'ici».

Tâche immense et impérieuse, prétention peut-être impossible que Perrault accorde à son cinéma mais qui, pour lui, répond dès les années soixante à une urgence politique qui se confond avec la montée du nationalisme : contribuer à l'invention d'un peuple, tel est le projet global de son cinéma et sa limite.

Et c'est bien la démesure et l'originalité de cette ambition qui retiendront d'abord l'attention du public à l'extérieur du Québec. Par là, Perrault rejoignait un mouvement plus large de reconnaissance de la légitimité des aspirations identitaires des minorités. À ces aspirations, le cinéma de Perrault donnait un fondement dans la langue, dans la mémoire collective, dans la différence et esquissait la forme d'un avenir qui allait se confondre avec le projet national québécois.

Assurément, les choses ont bien changé. Aujourd'hui, — et cela n'est pas propre au Québec, même si cela y est plus aigu qu'ailleurs — nous n'avons plus le temps de nous chercher une identité dans les archives, dans une mémoire, dans un passé, ni dans un projet ou un avenir. Le temps est au branchement instantané, à la mémoire immédiate, à ce que le sociologue Jean Baudrillard appelle «une sorte d'identité publicitaire qui puisse se vérifier dans l'instant même».

Le travail de Perrault fut d'abord un travail d'enracinement de son cinéma dans la culture de ceux et de celles qui, depuis longtemps, n'avaient plus la parole en ce pays (mais l'avaient-ils jamais eue?). C'est ainsi que, innocemment d'abord, Perrault se mit à recueillir les mots et les comportements qui allaient dessiner les contours de la culture profonde d'un peuple. Pour cela, il va s'entêter à extraire de son observation de la vie et du vécu les éléments qui lui seront nécessaires pour donner corps à son intuition initiale, celle d'une situation qu'il porte en lui et dont la fonction mythique n'aura d'effet et de consistance que s'il est amené à rencontrer le personnage et les circonstances favorables à l'éclosion de la parole que lui-même a envie d'assumer. Placée au premier plan, l'autorité du vécu chez Perrault entraîne comme conséquence immédiate la découverte d'une parole en liberté, dont Guy Gauthier définit clairement les conditions :

«Une conception globale de la culture.» *(Le Pays de la terre sans arbre.)*

«Si l'on considère comme acquis que Perrault porte en lui toute une vision du Québec, il est nécessaire de trouver les personnages qui, de manière convaincante, avec le tempérament qui authentifie leurs paroles, porteront, mieux que d'autres, le message. Problème de recherche : il faut trouver, non pas l'acteur qui va le mieux incarner le personnage, mais le personnage lui-même.

L'acteur appartient à une catégorie reconnue, il est dans l'annuaire avec sa photo et sa fiche signalétique; le personnage peut être n'importe qui, en l'occurrence, n'importe quel citoyen du Québec[5].»

---

5. Guy Gauthier, in *Écritures de Pierre Perrault*, Paris/Montréal, Éditions Edilig/Cinémathèque québécoise, 1983.

Cette démarche, on va la retrouver dans tous les films de Perrault, mais le premier, *Pour la suite du monde,* qu'il réalise avec Michel Brault en 1962, reste la plus parfaite illustration du principe. Un lieu : l'île aux Coudres; une action : la remise en chantier d'une pêche au marsouin, abandonnée depuis longtemps mais inscrite dans la mémoire des gens de l'Île, et un personnage central auquel Perrault de toute évidence s'identifiera : Alexis Tremblay. C'est cette démarche singulière qui impressionnera définitivement Louis Marcorelles lors de sa première rencontre avec Perrault à Montréal, alors que le film sera en montage.

Devant l'écran blanc de la salle de cinéma, à Montpellier, en 1985, Louis se rappelle.

LOUIS MARCORELLES

Pour nous en France, depuis 1962, la première fois où j'ai vu à l'ONF vingt minutes du... Je connaissais Michel Brault, pas encore Pierre... de ce qui s'appelait *l'Île aux Coudres.* C'était la scène de la forge; on a vu ça au moment du Festival, en privé; c'était assez curieux... Et l'année suivante, le film *Pour la suite du monde* est venu à Cannes... Ça a été mémorable, pour diverses raisons : parce que c'est un grand film et puis parce que ça a dérouté une partie du public et enthousiasmé une autre partie... Ça a été suivi immédiatement... Ça se passait au mois de mai, comme toujours à Cannes... au mois de mai 83 (il se reprend) mai 63... il faut rajeunir! Et au mois d'août, je me suis retrouvé à Montréal, avec beaucoup de monde, dans la grande salle d'un cinéma qui n'existe plus à Montréal, le Loews, et c'était la première; ça a été un accueil assez extraordinaire. Alors, en plus, c'était un cinéma près des gens, près de la vie réelle, mais en même temps, par la magie du cinéma, ils prennent une dimension mythique, ces personnages... Je ne sais pas combien d'entre vous ont vu *Pour la suite du monde*... Il y a Grand-Louis, il y avait Alexis... Alexis notamment. Je me rappelle, le soir je me suis retrouvé dans la maison de Perrault... Il y avait notamment ces deux personnages en réalité; j'ai trouvé ça absolument extraordinaire. Je ne savais plus très bien où était la réalité, où était la fiction, sauf que je ne comprenais pas très bien Grand-Louis, qui parlait avec son accent pur joual alors qu'Alexis, avec sa voix d'ancêtre, je le comprenais presque intégralement.

«Je le comprenais presque intégralement.» (Louis Marcorelles à l'île aux Coudres avec Alexis, en 1964.)

Relever la trace

Effectivement, pour Perrault, tout commence là, à quelque deux heures à peine au nord-est de Québec, en face du somptueux paysage de Baie-Saint-Paul, où le conduisirent concurremment la ferveur de son épouse, Yolande Perrault née Simard, de Baie-Saint-Paul en Charlevoix, la lecture de Jacques Cartier et l'insatiable curiosité de son magnétophone.

Je n'oublierai jamais la première fois où je suis allé à l'Île avec lui. Nous voyagions alors de conserve dans les écritures de Jacques Cartier, à la recherche d'un film à faire tout en préparant une série radiophonique[1].

Nous avions pris le traversier à Saint-Joseph-de-la-Rive en fin d'après-midi, à cinq heures; la nuit tombait déjà sur une journée de février de grand froid qu'attisait encore plus un beau vent de nordet. La marée montait, le fleuve se mit à charrier des glaces à l'infini et immobilisa le bateau au milieu de la passe. Pendant plus de quatre heures nous avons été ballotés au rythme des glaces comme si la coque flottait sur une banquise désarticulée. J'ai passé presque tout ce temps sur le pont, oubliant le froid cinglant, magnétophone à l'épaule, micro en main, à capter le souffle lancinant du vent et à enregistrer sans me lasser l'infernal concert des glaces sur les parois d'acier du bateau.

---

1. Le film : *la Grande Allure* (1985); la série radiophonique de treize heures : *Jacques Cartier, le voyage imaginé*, 1984, Radio-Canada/Radio-France.

Dès l'embarquement, Pierre avait rencontré Léopold (Tremblay). Ils avaient disparu aussitôt dans la cafétéria du traversier, comme deux compères en retrouvailles. Dans le froid de la nuit brillaient au loin les lumières de l'Île. Les glaces continuaient à rugir dans mes écouteurs. Elles formaient maintenant un tapis presque homogène devant l'étrave du bateau. Nous dérivions avec elles dans l'impuissance des moteurs. Je fermais les yeux un instant et alors défilait ma première vision de l'île aux Coudres : les images du film *les Traverses d'hiver à l'île aux Coudres,* un court métrage que René Bonnières avait réalisé en étroite collaboration avec Pierre Perrault entre 1958 et 1960, dans la série *Au pays de Neuve-France,* et que j'avais vu pour la première fois à Paris en 1962.

Et cette nuit-là, je ne pus m'empêcher d'entendre, dans le bruit des glaces, la voix d'Alexis, la voix d'ancêtre que Pierre mêle au fleuve et au texte de Cartier dès le début de *Pour la suite du monde.*

En somme, c'est cette première émotion que j'ai voulu retrouver en tournant, deux ans plus tard, par le même beau vent froid de nordet de début mars, la traverse de l'île aux Coudres. Martin Leclerc a su magnifiquement capter l'espace du fleuve au soleil couchant dans les mille feux des glaces que le bateau franchissait dans le même fracas. Je revois Yves Gendron, à la prise de son, plantant ses micros comme des banderilles sur le pont du bateau pour surprendre le dialogue secret entre l'acier et les glaces, en deçà du fracas, car il y a des murmures étranges dans les bruits les plus violents. À ce tissu sonore, j'allais joindre mes enregistrements de la traverse de février 84, et avec tout cela Francis Dhomont composerait la musique électroacoustique qui parcourt la séquence, comme si à tout jamais il suffisait de prêter l'oreille pour entendre désormais au large de l'Île la voix immuable d'Alexis, que le cinéma dans la mort transfigure en mythe.

> Extérieur. Jour. Sur le fleuve Saint-Laurent, entre l'île aux Coudres et Saint-Joseph-de-la-Rive. À bord du traversier qui se fraie un chemin parmi les glaces.
> Dans cet espace de froidure et de glaces erratiques, dans le bleu impassible du ciel, surgit la voix d'Alexis cherchant à lire Jacques Cartier dans le texte et qui trébuche sur les mots.

Voix d'ALEXIS TREMBLAY

Pareillement... parce que, vous allez m'excuser, si vous voulez, mes petits amis... si je prononce les mots de l'ancien français comme j'peux... parce que je les lis comme j'peux... vous savez que je n'ai pas beaucoup d'instruction et de plus... il est très difficile à lire... (Il reprend.) Pareillement... par cueux du pays...

Voix de PIERRE PERRAULT, *qui reprend douce-ment, pour le corriger.*

... par ceux...

Voix d'ALEXIS TREMBLAY, *agacé par l'évidence de sa difficulté à lire le vieux français.*

Ben, oui!... Mais c'est... Faut le prendre comme je...
Ceux! Mais je le prononce comme je peux! (Il reprend sa lecture.) Y a aussi un grand courant, des eaux, environ de la dite Isle (il prononce isseuleu), comme devant Bordeaux. Icelle île contient environ trois lieues de long et deux de large... et un (il hésite, cherche, puis reprend) et une fort bonne terre. (Il commente la diffi-culté du texte pour excuser sa lecture.) Quand on parle de «une» là, c'est pas ça que je vous dis, c'est UNE (il épèle) V-N-E... Ben! Écoute donc, je le lis comme je peux, mais seulement, je vous l'explique...

Tandis que la voix d'Alexis retrouve les mots de Cartier découvrant l'île aux Coudres, se mêlent les images du traversier qui va rejoindre aujourd'hui le quai de Saint-Joseph-de-la-Rive et quelques plans en noir et blanc de *Pour la suite du monde,* quand le bateau de Joachim remonte la dernière bouée avant la venue de l'hiver. Le traversier accoste dans la prouesse des amarres lancées du pont au quai. «Est pas pire celle-là! J'pouvais pas manquer mon coup, là!» s'écrie l'homme de service qui fixe le câble à la bitte d'amarrage en clignant de l'œil vers la caméra. Les autos pénètrent immédiatement et se rangent sur le pont.
Dans un des véhicules, on entraperçoit Pierre Perrault qui se rend à l'Île en compagnie de Michel Garneau et de Michel Serres. Garneau, le poète, vient de vivre la traver-sée en voilier de Saint-Malo à Québec pour le tournage de *la Grande Allure.* On peut soupçonner qu'il va tirer

de l'épreuve une double leçon, sur la navigation d'abord, sur le cinéma de Perrault ensuite.

Serres, l'écrivain (en particulier *le Passage du Nord-Ouest* avait séduit Perrault... par son titre), le philosophe, le marin, connaît à peine le cinéaste mais a été touché par l'homme que je lui ai fait rencontrer un an auparavant à New York. Première rencontre qui ressemblait d'ailleurs à l'impossible rendez-vous entre Cartier alias Perrault et Colomb alias Serres et qui coûta une bouteille de Château-Margaux à ce dernier mais scella le premier moment d'une estime réciproque. En somme, à l'île aux Coudres, Michel Serres allait à la fois découvrir le personnage et le paysage...

> Voix d'ALEXIS TREMBLAY, *qui continue sa lecture.*

Et entre autres, il y a plusieurs coudres... mais vîmes plus d'une (il marmonne la suite puis s'illumine) et pour cela... et pour cela, on la nomma l'île aux Coudres!

> Sur le pont supérieur du traversier qui fait route vers l'île aux Coudres dans le froid glacial du nordet, Pierre veut tout dire de l'Île et du fleuve à Michel Serres, dont c'est la première visite. Dire, au-delà des belles apparences de la carte postale, au-delà de l'immensité de l'eau et du froid, par-delà le fracas des glaces, l'enracinement d'un pays dans les mots et dans les choses, dans la parole des hommes.

> PIERRE PERRAULT, *passionné.*

Le fleuve, c'est quoi? C'est pas rien qu'un endroit pour les touristes... C'est pas rien que joli avec des miroitements et des couchers de soleil.

> MICHEL SERRES, *qui grelotte de froid.*

Oh! non... évidemment...

> PIERRE PERRAULT

Le fleuve, c'est une possession, c'est une relation... et là, c'est perdu... Y a un traversier qui appartient au gouvernement, et puis les gens ne se font même plus de canots... parce qu'ils ne vont plus sur l'eau... ils n'ont plus de rapports avec l'eau. Ils n'ont que des rapports avec les touristes...

On sent la morsure du vent sur le visage surpris de Michel Serres.

PIERRE PERRAULT

Oh, là là! Le vent... ça c'est du nordet... non... c'est du nord-ouest.

La caméra cadre le fleuve à l'avant du bateau qui trace sa route dans les glaces. On entend leur bruit infernal : frottements et coups sur la coque d'acier. L'eau, le ciel, la montagne au loin, et l'Île que l'on va découvrir vers la gauche, mince ligne de terre; tout le paysage est une variation sur les bleus et les gris acier.

Voix de MICHEL SERRES

Mais les touristes viennent pour l'eau, non? Y a... en été... Y a...

PIERRE PERRAULT

Un petit peu, très peu... Ils viennent de faire une marina là... C'est artificiel, c'est un rapport artificiel avec le fleuve... Y a plus de relations humaines... personnelles... avec le paysage.

MICHEL SERRES, *qui surenchérit.*

On a gagné la bataille...

PIERRE PERRAULT

Complètement! Mais on a perdu son rôle en quelque sorte.

Le bateau progresse régulièrement, à contre-courant. Le fleuve est large et désert, juste le bleu intense de l'eau et les blocs de glace épars. La lumière du jour décline un peu. Le titre de cette deuxième partie apparaît, écrit au rythme de la main, en surimpression : 2- L'INCONNU DE LA PAGE BLANCHE. La musique électroacoustique s'empare du fracas des glaces, en laissant seulement émerger la parole du prophète de l'Île.

Voix d'ALEXIS TREMBLAY

Je vous ai lu un passage dans le livre de Jacques Cartier... C'est une trace... c'est une trace passée ça... La pêche à marsouin, c'est une trace passée itou... c'est relever des traces... Donc vous avez fait une œuvre... qui ressemble un peu à quelqu'un qui lit un livre dans une vieille trace... Vous avez relevé la trace...

Et la séquence se termine dans l'éclatement grave de la glace sur l'étrave du bateau et dans sa résonance.

«La pêche à marsouin, c'est une trace passée itou...»

Les petits garçons

*Savait-il, Léopold, l'éminence de celui qui est
dans la pêche pour en parler, du poète acharné
à mettre au monde un fleuve débutant [...] à
laisser une trace pour la suite du monde?*

Pierre PERRAULT,
«Nouveau discours sur la parole».

À l'île aux Coudres, Pierre conduit Michel Serres et Michel
Garneau chez Léopold Tremblay, qui habite la maison familiale, en
haut de la falaise, à l'entrée de l'Île. Léopold vient d'atteindre
soixante-dix-sept ans, l'âge d'Alexis son père, à l'époque de *Pour
la suite du monde*. Alexis est mort. Marie également. Grand-Louis
aussi.

Si parfois, au détour d'une parole, résonne un peu l'écho du
patriarche disparu, Léopold n'est pas la réplique de son père. Léopold,
c'est d'abord le vent de la fantaisie et la vigueur d'une parole toujours
prête à jaillir à la moindre émotion.

Deux heures avant l'arrivée de Pierre et de ses compagnons de
voyage, j'étais chez lui avec l'équipe de tournage. Léopold, excité,
anticipait l'entrée de Pierre, imaginait Michel Serres qu'il n'avait
jamais vu auparavant. En trente ans, la cuisine de Léopold a connu
bien des tournages, mais ce jour-là, la fête était particulière. Perrault
allait être devant la caméra! Léopold se faisait metteur en scène
tandis que Martin (Leclerc) et Denis (Baril) préparaient les éclai-

rages. Léopold jubilait et offrait sa maison à la fête du cinéma comme si demain nous allions retourner à la pêche au marsouin, retrouver Alexis dans la forge, Grand-Louis en train de labourer sa terre en chantant et Marie au rouet.

Grâce à sa complicité attentive et chaleureuse, tous les tournages que j'allais effectuer à l'île aux Coudres seraient sous le signe de l'enthousiasme, de l'émotion, de la générosité et du jeu.

Léopold entendait bien surprendre Pierre, le prendre au dépourvu de l'amitié intarissable, le mettre dans le péril du récit, le «jeter à la nage dans le discours comme un canot à cinq rameurs parmi les glaces de toutes les dérives de l'hiver». Quand tout fut prêt, comme au cinéma, on entendit l'auto s'arrêter dans la cour. La caméra de Martin tournait déjà, Yves Gendron tendait le micro au bout de la perche. Léopold ouvrit la porte et Pierre sur le seuil fit les présentations.

PIERRE PERRAULT

Michel Serres... Léopold... Michel Garneau.

LÉOPOLD TREMBLAY, *qui serre la main de Michel Garneau, tendre Hemingway à l'abondante barbe blanche.*

Oh! Un autre beau poilu... Et il a les mains chaudes celui-là!!

MICHEL GARNEAU

Moi, je fais attention...

PIERRE PERRAULT

Oui, il ne s'est pas mis à tous les vents...

LÉOPOLD TREMBLAY

Et pis... vous avez eu froid?

PIERRE PERRAULT

C'était une belle traverse, mais il ne faisait pas chaud...

LÉOPOLD TREMBLAY

Ben... c'est une traverse!

PIERRE PERRAULT

Qu'est-ce que c'est une traverse?...

LÉOPOLD TREMBLAY

Ben! Sur une traverse... voyons! Ce n'est jamais chaud... T'as commencé avec des traverses qui n'étaient pas chaudes!

Léopold fait évidemment allusion au film *les Traverses d'hiver à l'île aux Coudres*[1]. Léopold faisait lui aussi sa première prestation dans ce film muet dont Pierre écrivait le commentaire à partir des mots et des récits enregistrés d'Alexis, de Grand-Louis et des autres qui refaisaient en canot la traversée du fleuve dans la dérive des glaces d'hiver : canot lisse à cinq rameurs se faufilant entre les bourdillons avant de glisser sur la glace vive d'un morceau de banquise, puis de reprendre sa course dans le frâsil[2] léger et trompeur.

Le montage cite ici l'image fixe en noir et blanc de deux canots et la course des rameurs qui semblent voler au-dessus des glaces.

    Voix de LÉOPOLD TREMBLAY, *qui poursuit.*

T'as commencé avec des traverses qu'étaient plus frettes que ça, toi...

    Voix de PIERRE PERRAULT

En canot?! Oui, c'est chaud...

    Voix de LÉOPOLD TREMBLAY, *complice.*

Oui, c'est chaud.

La course des rameurs qui semblent voler au-dessus des glaces.

---

1. Pierre Perrault faisait alors ses premières armes au cinéma. Le film était réalisé par René Bonnières.

2. *Frâsil :* petits cristaux ou fragments de glace flottant à la surface de l'eau.

Voix de PIERRE PERRAULT

En canot, on n'avait jamais froid...

Voix de MICHEL SERRES

Pourquoi, il n'y avait pas de vent?

Pour mieux se faire comprendre, Pierre joint le geste à la parole : debout dans le chambranle de la porte comme dans un canot fabuleux, il rame et la cuisine semble se remplir des glaces du fleuve. Et Michel le regarde, surpris.

PIERRE PERRAULT, *à Michel Serres.*

On travaillait (tout en ramant dans l'air)... on travaillait!

MICHEL SERRES, *qui comprend enfin et se met à ramer tout autant.*

Ah! oui...

Et, un instant, tous les deux, passagers d'un canot incertain, partagent le froid et l'aventure d'une traverse que le cinéma a mise en mémoire : ils rament au milieu de la cuisine. Léopold n'y tenant plus, se joint à eux dans un dernier coup de rame dans l'air.

LÉOPOLD TREMBLAY

On travaillait fort.

PIERRE PERRAULT

Tandis que là...

Mais voilà, on ne traverse plus en canot à cinq rameurs, de l'île aux Coudres à Baie-Saint-Paul. Ce temps-là est révolu. Restent les ombres, celles qui hantent le cinéma et l'écriture, de Cartier à Michel Serres en passant par Garneau et par Perrault. Voilà ce que nous apprenions en entrant dans la cuisine de Léopold à l'île aux Coudres.

LÉOPOLD TREMBLAY, *aux trois visiteurs engoncés dans leurs manteaux d'hiver.*

Enlevez vos gilets!

MICHEL GARNEAU, *ouvrant son manteau.*

Oui...

>PIERRE PERRAULT, *à l'adresse d'un Michel Serres encore transi par le froid de la traversée.*

Vois-tu pourquoi on a froid? C'est parce qu'on est des touristes!

>LÉOPOLD TREMBLAY, *qui découvre Michel Serres qui vient d'enlever son manteau et son bonnet; à l'adresse de Pierre.*

Tu ne m'avais pas dit qu'il avait les cheveux blancs!

>PIERRE PERRAULT, *blagueur.*

Qu'est-ce que ça fait?

>MICHEL SERRES

C'est l'âge!

>LÉOPOLD TREMBLAY, *en touchant la crinière blanche de Michel.*

Je pensais que tu arrivais avec un beau jeune homme, moi!

>PIERRE PERRAULT

Il est plus jeune que moi!

>LÉOPOLD TREMBLAY, *complice.*

Écoute-moi là!... Je pensais que tu arrivais avec un petit garçon...!

«Alexis nous appelait les petits garçons!»

(Rires.)

> PIERRE PERRAULT, *qui comprend à ce moment-là l'allusion de Léopold.*

Oui! Les petits garçons! Y en a plus de petits garçons!... (Puis à l'intention des deux Michel.) Alexis nous appelait «les petits garçons»!

> LÉOPOLD TREMBLAY, *en écho.*

Les petits garçons...

> MICHEL GARNEAU, *qui se rappelle les interpellations d'Alexis dans les films de Perrault.*

Je me souviens de ça!

> LÉOPOLD TREMBLAY, *pour couper court.*

Venez vous asseoir!

Le philosophe et le marinier

Deux mois après son passage à l'île aux Coudres, je retrouvais Michel Serres, à sa table d'écrivain, chez lui, à Paris. Ensemble, nous avons reparlé de ce voyage, de la rencontre avec Pierre, de l'aventure si particulière de son cinéma, tandis que nous évoquions les images du fleuve, la traversée majestueuse dans le froid vif, et cette lumière de début du monde qui enveloppait les bateaux en hivernage, quand le traversier longeait lentement le chantier maritime avant d'accoster en se frayant un chemin dans la musique des glaces.

MICHEL SERRES
Pour moi, le Québec, c'est plusieurs fois l'enfance... mon enfance; d'abord parce que, étant très jeune, j'avais lu beaucoup de littérature sur cette question et qu'un de mes désirs les plus secrets, lorsque j'étais enfant, c'était de connaître ce pays, de voyager dans ce pays, de connaître les gens du pays et leur histoire surtout qui, d'une certaine manière, nous avait échappé... J'avais la sensation que dans ce pays-là, il y avait un secret que la France avait perdu...

> Michel est sur le pont du traversier battu par le vent glacial, observant attentivement la lutte entre la coque du bateau et les glaces amoncelées le long de la paroi du quai.
> Il a l'air décidément chez lui le long de ce rivage, à côté de cette eau un peu plus salée que la Garonne de son enfance, une eau un peu plus froide, beaucoup plus porteuse de glaçons, comme si son regard dérivait dans cette contemplation d'un continent à l'autre, par une espèce

de communion ancestrale et marinière. Sur ces images rappelées par la magie de la caméra et du montage, on entend :

Voix de MICHEL SERRES

... et lorsque j'y suis allé, je n'ai pas été déçu du tout... Lorsque je suis à l'île aux Coudres par exemple, nous sommes allés là-bas; il n'y a pas trop de différence avec l'expérience que j'ai pu avoir lorsque j'étais jeune. Je suis fils de mariniers, de paysans-mariniers, qui eux, pendant longtemps, ont eu leur bateau et qui ont encore leur bateau sur le fleuve. Petit fleuve, la Garonne!... Grand fleuve, le Saint-Laurent, mais fleuve quand même! Même métier! Les Tremblay que j'ai connus là-bas avaient eu un métier de marinier qui était celui de mon père et qui est encore celui de mon frère, et par conséquent, je suis immédiatement en communication avec les gens qui ont vécu ça; et donc, si vous voulez, ce rapport au monde, ce rapport au fleuve, ce rapport à la nature, ce rapport au travail, je l'ai retrouvé intact (un silence) et... j'ai retrouvé là-bas un peu ce que Pierre Perrault y cherchait.

«J'ai retrouvé là-bas un peu ce que Pierre Perrault y cherchait.»

Rappelle-toi-z-en, Guillaume!

Grand-Louis, c'est le vent qui vente! *disait
Léopold pour décrire sa parole belle sans se
rendre compte qu'il rentrait lui-même en
poésie, ce disant.*

Pierre PERRAULT,
«Nouveau discours sur la parole».

Sur les derniers mots de Michel Serres, le traversier
accoste. La passerelle se pose lentement, silencieusement. Les premiers piétons débarquent, puis une première
automobile, en faisant claquer le métal.
À nouveau, nous retrouvons Pierre et les deux Michel
dans la cuisine de Léopold.
Pierre est familièrement attablé, Léopold est assis dans
sa berçante, près de la fenêtre à travers laquelle on aperçoit le paysage enneigé; Michel Garneau et Michel Serres
sont également assis à la table, l'un à la gauche de Pierre,
l'autre vis-à-vis lui.

PIERRE PERRAULT
Moi, quand j'avais trente ans, quand je suis arrivé à l'île aux
Coudres...

LÉOPOLD TREMBLAY, *qui écoute attentivement
Pierre, légèrement penché vers lui,*

> *comme s'il en surveillait le récit, en*
> *complice qui, on le sent, aura son mot*
> *à dire.*

Oui!

PIERRE PERRAULT

Je croyais, parce qu'on me l'avait dit... pis parce que d'autres le croyaient, que le peuple québécois — et c'est les termes mêmes que j'ai entendus quand j'étais jeune — était un peuple nordique, froid et taciturne! (L'énumération est ponctuée par le rire éclatant de Michel Garneau.) ... Et je suis arrivé à l'île aux Coudres, j'ai rencontré Léopold (il le désigne), j'ai rencontré Grand-Louis, j'ai rencontré Alexis, et je me suis aperçu que ces gens-là faisaient honte à Marius! Ils avaient un sens du superlatif absolument extraordinaire et ils n'arrêtaient jamais de parler!

Le sens du superlatif, tout entier c'est Grand-Louis, dont Perrault écrit par ailleurs : «Il nous donnait à naviguer comme un vent l'image même du superlatif[1].» Une verve, une faconde, une éloquence qui feraient peut-être honte à Marius, mais qui ne déplairaient sans doute pas à Pagnol. Car Grand-Louis a l'art du spectacle, le talent du conteur, et un sens de l'humour et de l'absurde que la caméra exacerbe merveilleusement.

> Tout est là dans ce court extrait du film *les Voitures d'eau* :
> dans un atelier de l'Île, on construit un canot selon la
> vieille tradition. Grand-Louis vient célébrer l'événement
> à sa manière; assis sur une chaise, il va se mettre à chanter
> la chanson de Guillaume en improvisant un dialogue déli-
> rant avec un pantin accroché dans le contre-jour de la
> fenêtre et relié à son pied par une corde qui le désarticule
> et l'agite frénétiquement au rythme du battement sur le
> sol.

> GRAND-LOUIS, *chantant.*

> *Si tu t'en rappelles pas, Guillaume...*
> *Si tu t'en rappelles pas d'la fois que j't'ai battu...*
> *T'en rappelleras-tu, Guillaume?*
> *T'en rappelleras-tu, Guillaume?*

---

1. Pierre Perrault, *Nouveau discours sur la parole, op. cit.*

T'en rappelleras-tu, Guillaume?
D'la fois que j't'ai battu!
Si tu t'en rappelles pas, Guillaume... (trois fois)
D'la fois que j't'ai battu!
T'en rappelleras-tu, Guillaume? (trois fois)
D'la fois que j't'ai battu!
Rappelle-toi-z-en, Guillaume! (trois fois)
D'la fois que j't'ai battu!

Grand-Louis accélère le rythme : il chante de plus en plus vite, déchaîne la cadence du pied, le pantin bondit devant la fenêtre comme un polichinelle soumis et pitoyable.

Rappelle-toi-z-en, Guillaume! (trois fois)
D'la fois que j't'ai battu!
Dépêchez-vous, j'suis fatigué...
Rappelle-toi-z-en, Guillaume!
T'en rappelleras-tu, Guillaume?
D'la fois que j't'ai battu!

Essoufflé, il s'arrête de chanter, le pantin s'immobilise; on entend les rires d'un auditoire que l'on devine.
Grand-Louis se redresse comme s'il était porté par les réactions du public et par le regard de la caméra, avec juste ce qu'il faut de cabotinage pour faire du spectacle un moment unique de jouissance partagée.

> GRAND-LOUIS, *en montrant le pantin inerte*
> *devant la fenêtre.*

S'il avait une bonne femme à lui...

Hors champ, les rires fusent, ceux des amis et des enfants peut-être, mais assurément celui de Bernard Gosselin à la caméra; Grand-Louis continue, l'œil luisant, le ton gaillard.

... il serait plus ardent!!! Il est tout seul, pauv' diable... S'il avait une belle créature à côté de lui... Oh! ben... batêche! Y redouble le rythme! Dites-vous ben... (à Perrault?) mon petit garçon (il se reprend)... mes petits enfants... quand on danse avec une créature, faut absolument (il frissonne, à court de mots) ... euh! ... ça court dans les veines... ça va partout... Faut absolument qu'on surmonte la nature… Y a rien de plus plaisant. (Et c'est un sourire à la caméra qui complète en silence son éloquence libidinale!)

«S'il avait une bonne femme à lui…»

Dans la cuisine de Léopold, on retrouve Pierre, émerveillé par le souvenir de Grand-Louis qu'il veut célébrer comme la naissance de l'épopée. L'émotion est trop forte et les mots lui manquent comme devant l'évidence de la poésie. Mais qu'aurait été cette parole sans l'écriture du poète et du cinéaste? Car c'est aussi la poésie de Perrault qui prend naissance ici. C'est Perrault qui va prendre la parole, qui va imaginer et loger ses personnages dans son récit, fabriquer le mythe et la légende, d'Alexis le prophète à Grand-Louis le poète, de Maurice Chaillot — le pathétique et l'humour —, à Stéphane-Albert Boulais — le lyrisme et le débordement…

> PIERRE PERRAULT, *qui tente de communiquer l'indicible de son émotion.*

Y'avait une poésie…

> MICHEL GARNEAU, *à la cantonade, en désignant Pierre du doigt, pour que l'humour remette les choses à leur place.*

Voyez ce qui est arrivé! Là, Perrault s'est mis à parler! (Il rit.)

Ce que Léopold, de sa berçante, ose confirmer à sa façon.

LÉOPOLD TREMBLAY, *ému.*

C'est de toute beauté ce que tu as constaté à l'âge de trente ans... Mais nous qui avaient pas sorti de l'île aux Coudres... on avait pas été loin... Mais depuis qu'on vous a rencontrés pis qu'on sort, qu'on va au dehors... au Québec, on trouve les mêmes affaires que t'as trouvées, toi quand que t'es arrivé, qu't'as connu Léopold, Alexis, pis Grand-Louis... On rencontre le même monde... Qu'il y a donc du monde qui sont donc chauds pis qui sont comme nous autres... (Prenant le genou de Pierre et lui secouant la jambe pour mieux marquer son affirmation.) Partout y en avait des pareils à nous autres...

PIERRE PERRAULT, *qui voudrait préciser.*

... bien sûr...

LÉOPOLD TREMBLAY, *dans l'élan.*

C'était pas une trouvaille que t'avais trouvée là. (En écho, on entend le rire affirmatif de Michel Garneau.) ... Y en avait beaucoup par chez vous!

PIERRE PERRAULT, *presque vexé.*

Mais, c'est par chez nous ici... (Il cherche à préciser, à convaincre Léopold, qui refuse de laisser porter à l'île aux Coudres le poids de la naissance d'un pays.) Mais c'est une trouvaille dans le sens que ce tempérament-là, Pol...

Mais Léopold ne l'écoute pas, convaincu que cette Île n'a eu d'exceptionnel que de rencontrer le regard d'un cinéaste qui aurait pu trouver n'importe où au Québec la même éloquence.

LÉOPOLD TREMBLAY

À l'Île... t'en as partout, comme n'importe où!

Pierre est débordé par la faconde de Léopold. Il semble à court d'arguments et Michel se sent obligé d'intervenir dans une situation qu'il a su provoquer.

MICHEL GARNEAU

C'était une trouvaille, Léopold, dans le sens où, par exemple le cinéma, les romans... ne parlaient pas de vous autres... ils ne parlaient

pas des autres non plus… ils parlaient de gens d'ailleurs… de gens…
Non! On ne parlait pas de vous autres… Moi, petit Montréalais, par
exemple, quand je suis descendu dans le Bas-du-Fleuve… pis que
je me suis retrouvé à Rimouski, j'ai trouvé un langage, j'ai trouvé
une façon de penser qui était autre et que… et dont on ne m'avait
pas parlé au collège où j'étais allé… Et on m'avait dit : «Si tu vas
en France, tu vas voir, le monde parle bien»; on ne m'avait pas dit :
«Si tu vas dans le Bas-du-Fleuve, ou si tu vas dans Charlevoix…
le monde parle bien…» Ils vont dire : «C'est une bande de Québécois, ils ne savent pas parler!» Lui (plan moyen sur Pierre qui observe
ses interlocuteurs, inquiet) a contribué à faire réaliser qu'on parlait
à l'île aux Coudres, et on parlait bien! Ce que je veux dire, c'est
que, à Montréal, on m'avait dit que ce n'était pas beau comment
le monde ordinaire parlait…

> LÉOPOLD TREMBLAY, *heureux de l'occasion qui*
> *lui permet de rappeler la relativité des*
> *jugements!*

C'est ce que l'on dit de vous autres… tu viens de Montréal (roulant
le «r» pour parodier ce qu'il entend par accent montréalais!)… C'est
ce qu'on dit de vous autres.

(Rires.)

> PIERRE PERRAULT

Le problème, c'était, au fond, de se rendre compte qu'on valait
nous-mêmes la peine d'être vécus!

> Léopold est rivé au récit de Pierre, indifférent à l'écran
> de la télévision qui, derrière lui, au fond du salon, diffuse
> l'image muette et dérisoire de la rencontre Reagan-
> Mulroney à Québec.

> PIERRE PERRAULT, *qui poursuit en interrogeant*
> *Léopold du regard.*

L'île aux Coudres, c'était une île de navigateurs… Il y avait vingt,
vingt-cinq goélettes ici, au chantier maritime, au printemps…

> LÉOPOLD TREMBLAY, *qui l'interrompt pour*
> *préciser.*

Quarante! Sans te démentir…

> PIERRE PERRAULT

Au chantier maritime, quarante… Sans me démentir!

«Le problème, c'était, au fond, de se rendre compte qu'on valait nous mêmes la peine d'être vécus!»

LÉOPOLD TREMBLAY

Quarante... il y avait quarante propriétaires de goélettes à l'île aux Coudres dans ta plus belle époque!

PIERRE PERRAULT

Quarante propriétaires?

MICHEL SERRES

Il y a quinze ans?

PIERRE PERRAULT

Vingt ans.

LÉOPOLD TREMBLAY

Oh! Il y a vingt ans passés!

PIERRE PERRAULT

Alors ces bateaux-là évidemment avaient des problèmes... mais il restait un patrimoine extraordinaire et le patrimoine extraordinaire qui restait, c'était la connaissance qu'ils avaient de la mer, la connaissance qu'ils avaient de la construction des bateaux... de la forêt parce qu'ils allaient chercher leur bois dans la forêt... De la navigation... ils savaient tout! Ils savaient tout. Chaque homme savait tout. Ils n'étaient pas spécialisés, ils connaissaient tout. Ça, personne ne s'est occupé de ça. C'est fini. Il n'y en a plus. Il reste un bateau, un!!

À nouveau, la mémoire du cinéma qui témoigne en noir et blanc : à la nuit tombante, les navigateurs de l'Île, entourés de leurs femmes et de leurs enfants, regardent, impuissants, une goélette que l'on brûle au beau milieu du fleuve. C'est un extrait du film *les Voitures d'eau*. Cela se passait en 1969.

> Voix de LÉOPOLD TREMBLAY, *qui précise, à l'intention de Michel Serres.*

C'était tous des goélettes, des bateaux de bois, qui faisaient le transport!

> PIERRE PERRAULT, *qui s'emporte.*

On n'a jamais essayé de faire un seul geste... C'est fini, fini! Ils sont morts. C'est fini! Ils ont attendu que les bateaux se démolissent et là, ils dépensent des centaines et des millions de dollars pour faire du patrimoine, pour mettre la petite goélette... la restaurer, la refaire au complet. Ils n'ont pas donné d'argent pour en faire. Ils en donnent pour la refaire. Moi, je dis que ce n'est pas la peine de conserver le patrimoine d'un peuple qui n'en produit plus. Faut produire du patrimoine. Faut pas le conserver. Il va se conserver tout seul. On n'en produit plus. On se donne. On s'abandonne, au commerce, à tout... parce que... c'est le mépris. Et, à l'intérieur de ça, on s'est vendus... Oh! je ne sais pas comment dire ça... il y a l'invasion économique, tu le sais... mais pour l'empêcher, il faut de l'orgueil et c'est ce que j'essaie de bâtir avec mes petits moyens! Mais j'y parviens pas... la partie est perdue!

> Sur la dernière phrase de Pierre débute un long travelling qui inaugure le tour de l'Île en camionnette. À droite, le fleuve et les glaces erratiques; la route devant, qui défile lentement, ruban gris, étroit dans le blanc des neiges. Une petite courbe dévoile plus largement le fleuve et la batture, et là, entre l'eau et la route, il y a une goélette qui navigue sur le sable, échouée par l'art des restaurateurs, soigneusement entretenue par les gardiens du patrimoine. Immobile et inutile dans une navigation à jamais figée. Puis lui succède la fumée d'un petit feu de broussailles qu'alimentent sur la grève deux cantonniers.
> La légende est désertée. Il reste le mythe que le cinéma conserve jalousement comme le génie de ces charpentiers

Il y a une goélette qui navigue sur le sable.

qui ont aujourd'hui abandonné leur navigation pour pren-
dre un emploi sur les cargos des grandes compagnies.
«Contre l'évolution, pas d'ostination» disait le capitaine
Laurent Tremblay à la fin des *Voitures d'eau...*
Sur ces images s'achève la conversation dans la cuisine
de Léopold :

> Voix de PIERRE PERRAULT, *qui continue à se*
> *justifier.*

C'est pas le savoir en soi. Moi, je ne veux absolument pas garder
les vieux gestes... je suis pour les techniques nouvelles, tout ce qu'on
veut. Mais seulement ce qui m'effraie, c'est que quand on devient
désuet au niveau d'une technique, on n'est pas remplacés par nous-
mêmes. On est remplacé par l'Autre...

> Voix de MICHEL SERRES

Par une machine...

> Voix de PIERRE PERRAULT

Et c'est là qu'est l'envahissement et on arrive à un peuple de «boîtes
à lunch»... On arrive à un peuple qui est à l'emploi... Et tous les
navigateurs de l'île aux Coudres qui continuent à naviguer sont deve-
nus des fonctionnaires de la navigation.

Voix de Léopold Tremblay

C'est ça.

Voix de Pierre Perrault

Alors qu'est-ce que c'est qu'un pays qui a un fleuve et qui n'a pas un seul propriétaire de bateau sur ce fleuve? (Un silence tandis que la route défile...) Ma façon de définir la situation au Québec, ce n'est pas une question d'indépendance politique, rien de tout ça, c'est la reprise de possession des maîtrises, où qu'elles soient! Mais pour ça, il faut une volonté de s'appartenir et avoir envie de soi!

Les trois voyages

À Paris, à sa table de travail, Michel Serres commente son premier contact avec la terre-écriture de Pierre Perrault, en regard de sa propre recherche philosophique :

«C'est donc là que j'ai trouvé Pierre Perrault. Et ce pourquoi j'ai accepté d'emblée d'aller avec lui, c'est que j'ai senti qu'il y avait chez lui quelque chose qui me concerne et qui m'a toujours concerné. J'ai toujours aimé les voyages dans le monde. J'aime bien le monde. Je le trouve beau et s'il fallait partir demain matin pour l'Australie ou pour la Terre de Feu, je partirais tout de suite. J'ai toujours aimé les voyages dans l'Encyclopédie. J'ai voyagé beaucoup, des mathématiques à la poésie en passant par la littérature, la physique, n'importe quel contenu de savoir considéré comme une île, un continent, une mer … mais il y a un troisième voyage que j'ai toujours aimé et toujours pratiqué au même titre que le voyage dans l'espace ou le voyage dans le savoir, c'est le voyage dans le corps social.
Je suis frappé du fait que la société forme encore plus de castes que de classes. J'entends par là qu'elle est formée de sectes extraordinairement fermées les unes par rapport aux autres et que… un voyageur… un voyage là s'impose.

On peut voyager chez les danseurs, chez les forgerons, chez les marins avec les mêmes trouvailles et les mêmes émerveillements et les mêmes surprises que de passer du désert à la banquise ou de passer de la mathématique à la littérature. Il y a trois voyages : il y a le voyage dans l'espace, il y a le voyage dans le savoir et le voyage dans la société. Et je crois que Pierre a compris ça et qu'il tente un voyage dans l'espace, le temps et le corps social. Et, en effet, il y a des gens qui, pendant un certain nombre de siècles, n'ont jamais eu droit à la parole, et je suis sensible à ça, parce que, dans ma famille, je suis le premier qui parle et le premier qui écrit. Depuis le néolithique, mes parents et mes ancêtres cultivent du blé ou cassent des cailloux et aucun d'eux n'a eu le loisir, ni la possibilité, ni le talent peut-être, de travailler sur le langage; ils travaillaient sur les cailloux. Et aller donner la parole à des gens qui ne l'ont pas depuis plusieurs siècles est une entreprise aussi extraordinaire que d'explorer le désert au XIXᵉ siècle quand on s'appelait Stanley ou Livingstone... Il y a là une découverte, qui paraît... qui ne paraît pas si extraordinaire et qui n'est pas écrite dans les livres mais qui est un voyage réel, un voyage long et quelquefois beaucoup plus éblouissant que les deux premiers... J'ai beaucoup plus appris dans des endroits comme l'île aux Coudres que dans n'importe quel livre de n'importe quelle bibliothèque. Et là, Pierre Perrault a raison. Il a ouvert un secteur de bibliothèque inconnu.»

«Il a ouvert un secteur de bibliothèque inconnu.»

Le tour de l'Île

Déjà l'île aux Coudres a mis au monde un fleuve sans commune mesure en perpétuant le geste de la pêche aux marsouins et les mots pour le dire.

Pierre PERRAULT,
«Nouveau discours sur la parole».

D'une certaine façon, Perrault n'a jamais filmé que le Québec et on pourrait même dire qu'une grande partie de son cinéma s'inscrit dans la géographie de l'île aux Coudres ou y fait un détour obligé. Une géographie qui tient autant de la cartographie marine, de Jacques Cartier le premier capitaine à Joachim Harvey le dernier des navigateurs de goélette, que de la Carte du Tendre, de ses affections profondes pour un paysage et pour un peuple.

L'Île, c'est le pays, du paysage au paysan, du marinier au fleuve, du Québec à la France.

Et quand il sort de l'Île, c'est pour mieux filmer encore le pays, qu'il soit celui de l'Abitibi des rêves déçus d'Hauris Lalancette ou le Mouchouânipi de l'Amérindien dépossédé.

Et quand il refait la traversée de Saint-Malo à Québec, c'est pour reconquérir le territoire du verbe perdu et refaire le voyage de l'ancienne conquête. Je soupçonnais qu'il y avait peut-être dans le paysage de l'Île un des secrets de ce «cinéma de la fondation», comme le nomme Gaston Miron. La mémoire profonde de ce réseau ténu de sens, c'est Léopold Tremblay qui me la révéla, en toute évidence, au cours de cet après-midi de mars 1985 quand, simplement, il me guida sur la route de l'Île, à travers les balises de ses souvenirs.

Je conduisais la camionnette sur la route déserte. L'Île gardait sa neige d'hiver à deux pas du printemps. Le fleuve charriait les glaces au rythme de la marée; un soleil pâle éclairait au loin Saint-Joseph-de-la-Rive et les premiers contreforts des Laurentides.

A l'avant, dans la cabine de la camionnette, Léopold, assis à contre-jour, se mit à parler tout naturellement au fur et à mesure de notre tour de l'Île, en feuilletant la mémoire du cinéma de Perrault et ses propres souvenirs. Recroquevillé au fond de l'habitacle, Martin déclencha sa caméra comme si le marsouin allait surgir à nouveau au bout de la batture et Yves Gendron fraya habilement du bout de sa perche le chemin du son dans le bourdonnement du moteur. L'imprévisible advenait, comme parfois ce cinéma seulement peut nous l'offrir.

Le montage n'aurait plus qu'à s'inscrire dans la parole de Léopold.

LÉOPOLD TREMBLAY

… En fait, là, le cinéma pour moi… c'était une affaire inconnue pour moi, ça. Je n'imaginais pas ce que c'était… On n'appelait pas ça «faire du cinéma». On appelait ça dans nos termes à nous autres là : on faisait un film… Bon! Le cinéma, on savait ce que c'était, on en avait entendu dire le nom, mais il ne nous était pas utile à l'île aux Coudres… Bon. Ça fait que… Ce qui me faisait plaisir… c'était de… en rendant service à Pierre pour son film, que… nous, ça nous faisait découvrir des affaires qu'on n'aurait jamais imaginées : aller faire un film en France… ré-tendre la pêche au marsouin après cinquante ans qu'elle avait été abandonnée et pis que tout le monde croyait que c'était impossible, qu'elle ne se ferait plus… alors tout ça, ça a été un succès pour nous autres… mais c'est un succès pour tous ceux qui ont coopéré avec nous autres… parce que j'ai pas tendu la pêche au marsouin tout seul…

> Et le cinéma, par montage, fait surgir le marsouin de la mémoire, dans le noir et blanc des images de *Pour la suite du monde;* images silencieuses sous la parole de Léopold qui continue son récit, sans savoir encore que je vois comme lui tous «ceux qui ont coopéré avec nous

autres», qui chargent avec lui le grand marsouin blanc dans le ventre du canot, et les visages éclatant de joie devant la prise inespérée et la beauté des images de Michel Brault, qui se fait marsouin pour mieux filmer les hommes.

Voix de Léopold Tremblay

... y a beaucoup de monde qui ont coopéré à tendre la pêche au marsouin pis à faire le film. Mais les étrangers nous ont toujours traités de vedettes! Pis «vedettes», c'est ce qu'on n'aime pas se faire dire parce qu'on ne l'est pas! On le croit qu'on l'est pas nous autres!

À l'intérieur de la camionnette, c'est le silence ou presque. Seul le bruit du moteur, profond et monotone, qui laisse à peine distinguer le cliquetis régulier de la caméra. Léopold semble enfoui dans ses pensées. Je conduis doucement, nous traversons un village. Je me tais. Soudain, Léopold lève les yeux et pointe à travers le pare-brise.

Léopold Tremblay

On arrive ici... je change de sujet. (Il hésite, je ralentis comme pour nous arrêter.) Continue!... On arrive ici à la boutique de forge, là où on a fait des lances pis qu'on a lu le livre de Jacques Cartier avec mon père, quand est-ce qu'on a discuté avec mon père. Ici! Ici!

Ici, aujourd'hui c'est une quincaillerie comme toutes les quincailleries que l'on trouve à la sortie de nos villages : un bâtiment rénové, une vitrine neutre, une enseigne FERPLUS, des pompes à essence IRVING... Et sur cette image, comme si Léopold devinait mes pensées, il dit : «Ça a beaucoup changé...»
Oui, ça a beaucoup changé. Le film le dit : une citation muette de *Pour la suite du monde* nous conduit près du feu de la forge; Alexis est assis sur un tabouret et cherche un passage dans le livre de Jacques Cartier. L'image disparaît presque aussitôt pour céder la place à la quincaillerie FERPLUS, à IRVING.
Décalé, on entend alors le son de la forge et la voix d'Alexis qui se mêle aux coups de marteau sur l'enclume. Le dialogue est lointain, à peine audible. Alexis et Léopold se chicanent à propos de la visite de Jacques Cartier à

«Là où on a fait des lances pis qu'on a lu le livre de Jacques Cartier avec mon père.»

l'île aux Coudres; dans la fureur des mots et l'usure du temps, on distinguera seulement la voix d'Alexis qui lance, excédé, à son fils : «T'as toujours été un homme de la controverse.»

À nouveau, Léopold à l'avant de la camionnette, et la route qui défile dans un paysage vide.

LÉOPOLD TREMBLAY

... y a vingt-cinq ans d'écoulés, là! Ça a beaucoup changé! (Et comme pour excuser le temps.) C'était une boutique de forge, aujourd'hui c'est une quincaillerie... (Léopold se tait, un instant, avant de reprendre le fil de son récit.) Ça m'a pris quatre ans à embarquer dans ça, moi. Pierre Perrault m'a toujours sollicité... Ben, je te l'ai déjà conté... Pierre Perrault est déjà venu me voir bien des fois... Tous les ans, il venait me voir... parce que j'avais déjà fait des films avec Pierre Perrault avant... des films qui parlaient pas par exemple, mais n'importe! On avait fait *la Traversée d'hiver*... on avait fait différents films avant... il était convaincu que ça allait marcher. Pis, d'après ce qu'on peut voir, je suis bien content... il en a été content lui aussi, il y a eu une réussite... mais beaucoup de monde à l'Île voulait pas croire que ça allait marcher...

Perrault a donc attendu quatre ans pour que se remette en chantier la pêche au marsouin. Quatre années faites de visites patientes et attentives, quatre années à chercher le point d'ancrage du récit, à saisir un lieu, à fréquenter les personnages; en récusant la fiction du comédien, Perrault espérait que Léopold parle en homme de l'île aux Coudres. Et Léopold a été tout de suite conscient que si, pour exister, ce cinéma a besoin de l'autorité du vécu, le vécu a autorité sur lui. Cet enjeu met l'auteur et ses personnages dans une relation tout à fait privilégiée, ce que Léopold a intuitivement compris et qu'il exposera indirectement à Pierre, dans la cuisine, au lendemain de notre tour de l'Île.

LÉOPOLD TREMBLAY

C'est dur de faire des films avec des... colons... pis des..., de faire des films réels! C'est pas des films fictifs ça! Faut prendre les gars quand ils passent! Pis, quand on n'est pas là, pis qu'ils sont passés... faut attendre pour les ravoir!

PIERRE PERRAULT

C'est ça!

LÉOPOLD TREMBLAY, *encouragé, poursuit.*

Tu en as fait assez pour toi, pour apprécier que là, ils étaient là hier mais qu'aujourd'hui ils n'y sont pas... Faut les prendre quand ils passent...

PIERRE PERRAULT

Tu ne penses pas que j'ai pas eu de misère à t'avoir pour la pêche au marsouin. Il a fallu que j'aille voir qui tu sais...

LÉOPOLD TREMBLAY

Ben, écoute-moi... T'as eu de la misère tant que je n'ai pas eu dit oui... (Rires de Michel Garneau et de Michel Serres.) ...mais quand j'ai eu dit oui... la misère était finie!

PIERRE PERRAULT, *qui veut préciser pour Michel Garneau et Michel Serres.*

Il hésitait... il hésitait... il trouvait... Je ne sais pas... il avait peur un peu du projet. T'as pas embarqué tout de suite...

LÉOPOLD TREMBLAY

Oui... oui...

PIERRE PERRAULT

Tout à coup, je suis allé voir quelqu'un... pis, cette personne-là que je ne nommerai pas...

LÉOPOLD TREMBLAY, *que le récit excite de plus en plus.*

Raconte-le pour pas que je l'oublie... parce que tu le contes tous les jours, à tout le monde...

PIERRE PERRAULT

Cette personne-là était... consentante... alors je m'embarquais avec lui. Là, Léopold quand il m'a vu entre les mains d'une telle personne... il a dit : «Il va lui arriver quelque chose, ça ira pas bien.» Alors, là, il m'a sauvé la vie!

LÉOPOLD TREMBLAY, *qui jubile.*

C'est absolument vrai!! C'est absolument vrai! Absolument réel! Mais moi, j'ai toujours cru... parce que là, il dit... pis il ment... j'ai toujours cru qu'il avait dit qu'il allait se sacrifier dans les mains de ce gars-là pour me jouer un tour, pour m'avoir!!!

Le rire, large et sonore, de Michel Garneau clôt l'aveu de Léopold et nous ramène dans le petit camion, sur la route du tour de l'Île.

Le sang français

*[...] et je te salue mon ami le Français, je
t'envoie mes amitiés de Québécoisie.*

Pierre PERRAULT, «Lettre du Québec».

À nouveau le tour de l'Île qui déroule son paysage de
neige à travers le parc-brise de la camionnette qui se fait
silencieuse.
À nouveau l'intimité des souvenirs de Léopold et, sur
l'horizon du fleuve, une voix de femme qui chante a
cappella, une voix très pure, très belle :

> *Au bout de ce grand bout de terre*
> *De peine et de misère*
> *Dis-moi, Marie*
> *Pourquoi le silence s'agrandit*
> *Est-ce parce qu'on vieillit...*

C'est *la Chanson de Marie*, Marie Tremblay, la petite
vieille du film *le Règne du jour,* la mère de Léopold, qui
marche dans la neige épaisse, d'un petit pas fragile, tandis
que derrière elle l'église se perd dans la brume neigeuse.
Marie Tremblay est morte comme est mort Alexis, il reste
la fidélité du cinéma en noir et blanc. Et la chanson de
Marie qui se perd dans l'hiver de Léopold.

Le petit camion s'arrête doucement à un tournant de l'Île, devant un champ de neige où se cache un chalet de bois brun.

La caméra suit le regard de Léopold qui fixe le champ tout blanc comme s'il cherchait à déchiffrer une partition effacée.

Voix de LÉOPOLD TREMBLAY

C'est ici quand on a fait le film *le Règne du jour* qu'ils sont venus inviter mon père pour venir...

Sur ces mots, le cinéma se rappelle et rend l'âme : voici en noir et blanc le champ tout vert piqué de taches rouges, gorgé de soleil et de fraises, voici Marie, Alexis et Léopold courbés sur leur cueillette...

Voix de LÉOPOLD TREMBLAY, *dans le camion.*

... mon père et ma mère... qui étaient allés aux fraises avec moi et ma femme, dans le champ, pour aller faire un film au pays de ses ancêtres! Mon père et ma mère ont accepté de bonne volonté... pour aller faire un tour en France au pays de leurs ancêtres! Mon père était amoureux de ses ancêtres!

Le Règne du jour, c'est bien cela : l'histoire d'un homme amoureux de ses ancêtres auquel Perrault demanda non pas de raconter son rapport à la France, mais d'aller le vivre devant la caméra en compagnie de sa femme et de son fils. En somme d'aller vérifier le mythe par le vécu. Tout a commencé dans ce champ de fraises, dans la surprise d'Alexis.

ALEXIS TREMBLAY

Ah! Aller en France!? C'est pas mal dur!... Qu'est-ce que t'en penses Marie, d'ça, toé?

MARIE TREMBLAY

Je trouve que c'est un gros voyage.

Et ce fut «un gros voyage» pour Alexis, pour Marie, pour Léopold, mais aussi pour Perrault qui, lui aussi, vingt ans après, raconte dans la cuisine de Léopold.

«Et ce fut un gros voyage...»

PIERRE PERRAULT

... Et ça a donné un film qui s'est appelé *le Règne du jour*, que j'aime beaucoup, avec Léopold... et c'est là que Léopold est revenu en ne jurant plus que par la France!

LA TERRE-MÈRE

Pierre savait, en proposant le voyage et le film, toute l'affection qu'Alexis et Léopold portaient à la France, à travers Jacques Cartier bien sûr, mais surtout à travers la prétention d'Alexis au «sang français».

Il est évident que Perrault lui-même ne cessera dans son cinéma de vérifier, de «mesurer» la nature de son rapport à la France, à la Terre-Mère viscéralement nécessaire (pour lui) et constamment remise en question comme une liaison vitale toujours déçue.

Aussi *le Règne du jour* inaugure un parcours entre le Québec et la France qu'il reprendra de nombreuses fois dans les films suivants, que ce soit avec Maurice Chaillot dans *Un pays sans bon sens,* avec

Hauris Lalancette, d'Abitibi, dans *C'était un Québécois en Bretagne, Madame,* que ce soit avec Stéphane-Albert Boulais dans *Voiles bas et en travers* ou avec Michel Garneau et Jean Gagné dans *la Grande Allure.*

Il faudrait prendre le temps de suivre la progression, au fur et à mesure de ses films, de la relation que Perrault entretient avec la France.

Quand Alexis Tremblay part pour la France avec Marie et Léopold, c'est pour relever la trace des ancêtres. Dans *le Règne du jour,* Perrault va vérifier la validité de la vision mythique que le Québec a de la France.

À Tourouvre, dans le Perche, sur la terre d'origine, Alexis va pieusement baiser l'acte de départ de Pierre Tremblay, le premier de la lignée, née près de La Rochelle. Ce baiser scelle l'appartenance d'Alexis au *sang français* qu'il ne cesse d'affirmer et de revendiquer jusqu'à la scène finale à l'île aux Coudres.

À Léopold, qu'il force également à baiser ce contrat, il déclare que, si son règne est fini, c'est à lui, son fils, de poursuivre cette affirmation de l'appartenance et de l'enseigner à ses enfants. Et quand Léopold revient à l'île aux Coudres, il ne «jure plus que par la France». D'où cette scène au cours de laquelle il est provoqué par ses amis restés à l'île, à donner une preuve tangible et linguistique du «sang français».

QUELQU'UN
Allez! Parle-nous donc «à la française»! Un mois! T'as ben dû apprendre à parler à la française... Les Français quand t'en as vus... qu'est-ce qu'ils t'ont dit?

LÉOPOLD TREMBLAY
... «À la française»? J'ai parlé «à la française» tout le temps que j'ai été là... puis arrivé icitte, j'suis pus capable d'en dire un maudit mot de «française»...

UN AUTRE
Parce que tu veux pas, parce que t'es gêné... envoille!

LÉOPOLD TREMBLAY
Par là, mon vieux, ça allait ben... J'parlais à la marseillaise, je parlais en breton, je parlais toutes ces langues-là...

À Tourouvre, pendant le tournage, Léopold, qui croyait se conformer à la parlure des Percherons, manipule son propre langage et contorsionne son accent.
Ce que Marie-Paule, sa femme, n'accepte pas, ce que Perrault capte soigneusement.

> LÉOPOLD TREMBLAY, *qui tend un morceau de boudin à sa femme.*

Elle est bon! Tu y as goûté? Elle est bon! (Ceci dit avec un accent indéfinissable, mi-breton, mi-provençal.)

> Puis à nouveau, de retour à l'Île, avec ses copains.

> Voix de LÉOPOLD TREMBLAY

… Arrivé icitte, j'sus pus capable d'en dire un maudit mot!

> Tourouvre, par montage, Léopold qui tend toujours son morceau de boudin.

> MARIE-PAULE TREMBLAY, *qui prend le morceau de boudin.*

J'aime pas qu'tu parles de même… J'aime que tu parles comme un Canadien français, nos Canadiens, chez nous!

> LÉOPOLD TREMBLAY, *surpris.*

Nos Canadiens d'chez nous?

> MARIE-PAULE TREMBLAY, *affirmative.*

Not' langue!

> LÉOPOLD TREMBLAY, *à court d'arguments et avec son accent d'opérette.*

… Mais, y me semble, pour me faire comprendre, il faut que je parle itou comme eux!

> Mais à travers Léopold, à travers Alexis qui revendique le sang français, c'est bien Perrault qui réclame de la France, après «longue privation», la reconnaissance du royaume de Québécoisie en terre d'Amérique.

> PIERRE PERRAULT, *à Michel Serres, dans la cuisine de Léopold.*

Le Québec a été privé… ça, il n'y a pas de doute… a été privé de la France. Il a fantasmé sur la France, et d'ailleurs Alexis à certains moments en France était très déçu... très, très déçu... mais il disait : «C'est pas vrai ça, c'est pas vrai ça, la France, elle est là!»

> En écho et par montage, un extrait du film *le Règne du jour* : à son retour de France, Alexis est allé rejoindre Grand-Louis, dans son champ au bout de l'Île, pour lui confier ses conclusions.

> GRAND-LOUIS, *qui doute.*

Ravoir le Canada?

> ALEXIS TREMBLAY, *sur un ton qui n'accepte pas la réplique.*

Nous autres, on verra pas ça, on est trop vieux; de ce qu'on doit souhaiter, par exemple, c'est que la France revienne, comme on peut dire, à la place de l'Angleterre, reprendre le Canada... Les Canadiens français seraient heureux d' ravoir la France... d'après ce que j'ai pu constater!

> GRAND-LOUIS, *qui hésite à le croire.*

Ouais?

> ALEXIS TREMBLAY, *convaincu.*

Parce que les Français et les Françaises, c'est... pareil comme nos ancêtres!

> Et Pierre, vingt ans plus tard dans la cuisine de Léopold, comme s'il poursuivait la parole d'Alexis, habité par la même émotion.

> PIERRE PERRAULT

L'émotion, moi, je l'ai eue à travers Alexis! Il accueillait toute cette France, qu'on attend depuis 1760 d'une certaine façon et avec raison! Et qui n'est venue, qui n'est réapparue dans notre histoire que cent ans plus tard, avec un bateau[1]... le premier bateau qui apportait des livres français ici. (À Michel Serres.) Je t'ai déjà raconté sans doute qu'au séminaire de Québec, il y avait une grammaire latine sur un lutrin et les étudiants n'avaient pas le droit de tourner les pages, parce qu'il n'y en avait qu'une! Ce siècle-là, c'était difficile de faire l'école, d'amener des gens à l'université, d'échapper à l'ignorance!

---

1. Le 13 juillet 1855, un voilier battant pavillon français entre dans le port de Québec. C'est *la Capricieuse* : c'était le début, près de cent ans après la cession à l'Angleterre, des retrouvailles de la Nouvelle-France et de la mère patrie.

MICHEL SERRES, *qui tente une question.*
Et tu crois que c'était…?

PIERRE PERRAULT, *qui n'écoute pas.*
Moi! Il n'y avait pas un seul livre dans la maison chez nous!

LE DÉTOUR PAR LA FRANCE

Aussi l'affirmation du «sang français» chez Perrault, c'est, à travers Alexis, la revendication de la part de royaume en face de l'occupant anglais :

«Avec tout ça, est-ce que les Français vont revenir au Canada?» demande la petite fille d'Alexis.

Il lui répond :

«Pour reprendre le Canada? C'est tout le temps des choses que l'Bon Dieu peut permettre, j'l'sais pas, j'l'souhaiterais ben par exemple! On doit dire que nous ne voulons pas chasser l'Anglais, du moins, on désire *avoir notre part.*»

«Avoir notre part»… La prophétie d'Alexis trouve chez Perrault son écho politique, un jour de 1967, au balcon de l'hôtel de ville de Montréal :

«Le Général comme convaincu comme persuadé
le Général a crié
et c'est plutôt le peuple québécois par la bouche
de ce canon improvisé
qui a crié
Vive le Québec libre[2]»

Si l'attitude mythique d'Alexis à l'égard de la France s'explique pour Perrault — qui la partage également — par cette privation de la France qui s'inscrit comme le traumatisme de naissance du Québec en 1760, elle ne peut se constituer en fondement de l'identité québécoise. Le voyage d'Alexis en France prouve à l'évidence que son identité n'est pas en France : elle a une terre, l'île aux Coudres, dont Perrault fait l'emblème de la Québécoisie.

---

2. «Lettre du Québec», in *De la parole aux actes,* Éditions de l'Hexagone, 1986.

Ce que Perrault saisit très bien — et le Québec également — dans le cri du Général de Gaulle, c'est la consécration à la fois d'une rupture et d'une reconnaissance :

> «[…] puis le Général
> encore ému sans doute de ce qui venait d'arriver
> le Général au lieu de descendre dans la rue
> comme il aurait bien dû le faire
> comme il aurait pu le faire s'il s'était pris pour la France
> le Général est redevenu le général
> et il est allé rejoindre les notables
> […]
> tandis que la foule, elle,
> le peuple, lui,
> est resté dans la rue
> avec son cri dans la gorge
> qui se cherchait un oiseau
> […]
> l'oiseau d'un 15 novembre 1976[3]»

Le cheminement de Perrault (et de son cinéma) est là, confondu avec l'affirmation nationale du Québec, telle qu'il la voit et telle qu'il la vit. Et entre la privation et la reconnaissance, il y a, dans *Un pays sans bon sens,* le personnage central de Maurice Chaillot qui est à la recherche de son appartenance. Canadien français de l'Ouest qui déclare qu'enfant, il avait honte de sa mère qui parlait le français dans l'autobus, Maurice aura le premier choc de l'appartenance alors que, professeur de lettres à l'Université de Winnipeg, il assistera à un discours nationaliste et indépendantiste, houleux, de René Lévesque.

Affirmant radicalement sa francité, il part étudier à la Sorbonne, à Paris. C'est là que Perrault le retrouve, sur les quais, angoissé, tragique, à la recherche d'une identité. C'est donc à Paris qu'il va s'affirmer québécois par une démarche intellectuelle inspirée par le charisme de René Lévesque. Dans ce film, la France devient le détour obligé, la situation limite, qui va lier la langue de Chaillot (le français) indéfectiblement à sa culture profonde (le Québec).

---

3. *Ibid.*

Plus tard, Perrault entraînera en France un autre personnage, Hauris Lalancette, d'Abitibi, et cela donnera : *C'était un Québécois en Bretagne, Madame*! À la différence d'Alexis, dix ans auparavant, Hauris ne va pas en France pour y reconnaître une présence ancestrale mythique. Au plus fort de l'affirmation nationale du Québec (le film date de 1976), on assiste plutôt à la tournée de celui qui est «fier d'être québécois». Plus question alors d'imiter la parlure française, entre Gabin et Fernandel, comme Léopold Tremblay, plus question du déchirement tragique d'un être en mutation, comme Maurice Chaillot. Hauris est fier d'être propriétaire, fier de son appartenance (il s'étonne que les Bretons ne sachent même pas qu'ils ont en partie fondé le Québec), fier de son travail forcené, mais dont il est le seul maître (il s'étonne qu'en Bretagne on puisse encore travailler pour les «seigneurs», comme des serfs); c'est un lutteur, le vrai personnage de l'épopée nationaliste québécoise qui, pour Perrault, trouvait sa réalisation dans le triomphe de René Lévesque et du Parti québécois aux élections du 15 novembre 1976.

> «[...] et je songe qu'un jour peut-être
> nous deviendrons le second pays français
> la seconde terre de cette race et de ce sang

«C'est un lutteur, le vrai personnage de l'épopée nationaliste québécoise...»

la nouvelle terre de douceur et d'enluminures
terre de rondeur parmi tant d'angle terre[4]»

Il est sûr que pour Perrault, «la reconnaissance du royaume» ouvrait tous les espoirs et donnait corps à tous les rêves retenus en ce mois de novembre 1976. Et la «Lettre à un ami français» est une preuve nécessaire qu'il envoie de l'autre côté de l'océan pour confirmer la nouvelle et la prophétie de son cinéma à l'aube d'un temps nouveau.

Lorsque Perrault retourne en France, dans les deux films suivants — coproduits l'un et l'autre avec la télévision française — *Voiles bas et en travers* (1983) et *la Grande Allure* (1985), c'est pour rapatrier en toute légitimité la mémoire de Cartier.

Dans *Voiles bas et en travers,* Stéphane-Albert Boulais retourne à Saint-Malo traquer l'ombre de Cartier et l'inscription de la parole fondatrice du Québec dans la mémoire française. Il n'y découvre en fin de compte qu'une statue en bronze et quelques vieilles pierres silencieuses. Stéphane-Albert y perd sa faconde, et Perrault s'acharne bellement à retrouver dans les récits des marins et des pêcheurs, dans la parole de Denis, l'aventurier de la voile, la dimension humaine et poétique du découvreur-écrivain qui mit un jour «les voiles bas et en travers» pour nommer le pays du Québec.

La Grande Allure refait littéralement le voyage de Cartier, l'année du 450e anniversaire de sa première traversée. Ce film-là, Perrault l'attendait depuis trente ans. C'est d'abord et avant tout «sa» traversée. Mais, à la veille de la déroute du Parti québécois, qui allait perdre le pouvoir en 1986, c'est un film qui sent le désarroi et la déconfiture idéologique ambiante; la traversée, qui débute comme une gentille croisière sur les traces de Cartier puis dans la mémoire du fleuve, s'achève dans la brume sous le pont de Québec... L'équipage malouin, ravi de prendre la mer au départ, est à la fin de plus en plus absent de l'histoire; Jean Gagné navigue dans la mémoire... de la navigation, à en perdre haleine, et Michel Garneau, le dramaturge, le poète dont Pierre a voulu faire son intercesseur, échappe au texte de Cartier dont il perd bien vite le fil pour écrire et dire merveilleusement son propre chant, sa propre ballade, où la tendresse pour le paysage remplace la passion pour le pays. Parti d'une France

---

4. *Ibid.*

qui a oublié Cartier, Perrault traverse un océan muet, tente de retrouver les signes fragiles d'une écriture du fleuve Saint-Laurent et
découvre au bout un pays en proie à l'amnésie. C'est le film tout
entier qui devient tragique, et Perrault tente de tirer la leçon de
l'échec :

> *Vivrons-nous toujours en tristesse?*
> *Aurons-nous jamais la liberté?*

chante Michel Garneau; tandis que Michel Serres, entre la Seine
aux pieds de Notre-Dame de Paris et l'île aux Coudres où les goélettes
sont épaves sous la neige, redonne un brin d'espoir en affirmant
qu'*il faut du temps, beaucoup de temps* pour faire un pays.

La Grande Allure, en rapatriant Jacques Cartier sur les bords
du Saint-Laurent semble boucler la boucle du détour par la France
qui a rythmé l'affirmation de l'identité québécoise et la quête du
pays dans le cinéma de Perrault.

Jamais la France ne viendra reprendre le Québec aux Anglais,
assurément. L'Histoire pour le Québec se joue ici, en terre d'Amérique, et uniquement. C'est ici que l'avenir d'un projet de pays va
se verrouiller définitivement ou trouver une formulation nouvelle
pour sortir de l'impasse actuelle.

Il reste que le voyage en France commencé dans le champ de
fraises d'Alexis, il y a vingt ans, sous le signe de «l'amour des
ancêtres», se termine dans l'évidence d'une Histoire qui commence
ici, et qui, soit dit en passant, déborde largement les seuls débuts
de la colonisation, même si elle s'alimente à l'enthousiasme d'une
mémoire collective qui vibre à l'évocation ou à la reconnaissance
de l'ancienne rupture. Il y a cela aussi dans l'entreprise de Perrault
à l'égard de la France que je retrouve dans les yeux de Léopold qui,
dans ce coin de la camionnette, fixe le même champ de fraises blanc
de neige.

Léopold Tremblay

Il faudrait que je te dirais comme j'ai dit v'là dix-huit ans, v'là dix-
huit ans... Oui, comme j'ai dit v'là dix-huit ans : «J'ai marché sur
le bord du paradis», de mon voyage de France. Alors quand je suis
arrivé de France pour venir rencontrer les gens de l'île aux Coudres
qui me demandaient comment est-ce que j'avais trouvé ça... j'avais
dit... un p'tit gars qu'était parti de l'Île... j'étais un homme, j'avais

cinquante ans, mais qu'avait jamais vu ce que c'était que l'Europe, qu'avait jamais vu... «J'ai marché sur le bord du paradis» tellement que j'étais heureux pis que j'étais... enthousiasmé!...

Et chez Perrault, il y a cela aussi vis-à-vis de la France : l'irrationnel d'une profonde relation amoureuse et une légitime prétention à l'impossible, qu'il révèle peut-être à travers Marie qui, au retour de France, dans *le Règne du jour*, chante :

> *Que les beaux jours sont courts*
> *Que les beaux jours sont courts.*

Ce premier voyage cinématographique en France, Perrault l'a peut-être fait secrètement pour cette petite bonne femme, fragile dans sa robe noire, avec son tablier blanc et sa coiffure à paillettes, juste pour la merveille du retour et le don d'un sourire ineffable à la caméra attentive de Bernard Gosselin.

MARIE TREMBLAY

Le plus beau de ma vie, je l'ai passé en France... d'abord je ne me suis pas occupée de la vie pendant six semaines de temps. Ça, ça été le plus beau bout de ma vie... C'est pas gênant... J'ai vécu au ciel! Parce que je ne me suis pas occupée de la vie et pis j'ai vécu millionnaire à part de ça... Les millionnaires, il me semble qu'ils sont heureux... parce que moi, j'ai toujours été pauvre...

Marie, qui désormais habitera Perrault plus que de raison comme le poème d'espoir du pays, comme la naissance de sa propre poésie, est sans doute le plus bel aveu fait à la France; en témoigne cette «Lettre du Québec», datée du 15 novembre 1976, adressée à Guy Gauthier, l'ami français des premiers jours :

> «Peut-être vos poètes voudront-ils
> Peut-être vos poètes daigneront-ils
> prendre la peine de nous aimer
> prendre la peine de nous imaginer
> comme un ancien cousinage
> un incontestable parentage.»

La Chanson de Marie

Encore me fallait-il comprendre que ma mère
était poésie.

Pierre PERRAULT,
«Nouveau discours sur la parole».

Dans ce film, je voulais montrer l'homme derrière le cinéaste et le poète, celui qui m'avait fait arpenter le pays, de Montréal à Blanc-Sablon, dans la faconde des mots, dans le poids des silences quand nous traversions, magnétophone à l'épaule, la baie de Tête-à-la-Baleine, pataugeant dans la neige épaisse de février, sous un vent à écorner les bœufs.

Il m'avait fait vivre l'intimité d'un pays que j'avais choisi innocemment et qu'il me renvoyait comme une rafale de nordet en plein visage. Je connaissais presque tous les lieux de son cinéma, j'avais côtoyé la chaleur de ses personnages dans la démesure de leurs paroles, écouté les enregistrements de ses débuts à la radio comme on découvre les mots oubliés de parents lointains, fréquenté ses films à en perdre haleine, et Perrault m'échappait; il marchait là-bas, devant, et je le suivais comme «une mémoire qu'on suit à l'oreille, comme les traces d'une bête sur la neige et comme la bête elle-même, encore vivante dans sa trace[1]».

---

1. Pierre Perrault, *De la parole aux actes, op. cit.*

Il fallait devancer sa piste, un moment, pour le surprendre au détour du chemin. Dans l'écriture!

> «Lorsqu'il dit qu'il s'abreuve à ses personnages pour écrire, c'est par un phénomène osmotique. La question se pose alors : Où est Pierre Perrault? En parlant d'eux cela permet de parler de soi d'une manière plus détournée, plus pudique et cela rend sa trace plus difficile à suivre. Le désir qui émane de lui va vers les autres pour y être accompli.
> Où est donc Pierre Perrault? Si ce n'est dans son écriture et ce qu'elle nous offre à décrypter derrière le paravent des métaphores[2].»

Où est donc Pierre Perrault dans *la Chanson de Marie*? Écrite pour le film *le Règne du jour*, où elle est magnifiquement chantée a cappella par Monique Miville-Deschênes, *la Chanson de Marie* est un des rares moments, dans l'œuvre de Perrault où, explicitement, le poète croise le cinéaste. Ce qui fait d'ailleurs du *Règne du jour* un film dans lequel Marie devient la métaphore de la femme, du pays, de la terre, trois figures chères à Perrault qui ne peut dissocier l'amour de la fécondation ou de l'appartenance. Où est donc Pierre Perrault derrière le paravent des métaphores? Pour tenter de répondre à cette question, je comptais sur le piège que tend au poète sa propre écriture lorsqu'elle se trouve transfigurée par le chanteur qui l'*interprète*.

Pour ce faire, je le devançais à Paris en mai 1985, au Théâtre du Jardin, chez Jacques Douai. Et Douai plus que nul autre chanteur mérite le titre d'interprète qu'il porte à la perfection depuis quarante ans avec un répertoire qui va de l'auteur anonyme de *l'Amour de moy* à Prévert, Aragon, Bérimont, Cadou, Vigneault, Leclerc, Ferland en passant par Ronsard, Du Bellay et les folklores francophones... Dès 1956, il avait mis en musique des poèmes de Perrault *(Filet crevé, le Ruisseau Michel, la Baie-Saint-Paul)* qu'il a chantés régulièrement depuis dans ses récitals[3]. Mais jamais il n'avait mis

---

2. Madeleine Chantoiseau, in *Écritures de Pierre Perrault,* collectif, *op. cit.*
3. Pierre Perrault dit de Jacques Douai dans *De la parole aux actes* qu'il fut le premier à lui offrir son alliance. C'était à la fin des années cinquante, où ils avaient scénarisé et composé ensemble les textes de plusieurs séries radiophoniques consacrées à la chanson, dont une sur les fleuves de France.

en musique ni chanté *la Chanson de Marie*. Ce que Pierre pourtant espérait lorsqu'il lui en avait remis le texte dix ans plus tôt. Depuis, par pudeur, il ne lui en avait plus jamais reparlé, mais je connaissais son désir profond... Et je n'ai pas eu à donner un gros coup de pouce au destin car Jacques n'attendait que l'occasion pour composer sa partition!

Voilà pourquoi, en cet après-midi du 26 mai 1985, l'équipe de tournage est sur la scène du Théâtre du Jardin, prête à entrer en action. Jean-Pierre Rémy est au piano, Jacques répète. J'ai demandé à Pierre, arrivé de Montréal le matin même, de nous rejoindre directement au théâtre, par ses propres moyens. Madeleine Chantoiseau, qui vient de soutenir une thèse sur la poésie de Pierre Perrault, est avec nous. La caméra de Martin se met à tourner dès que Pierre franchit la porte d'entrée pour se retrouver, surpris, dans la lumière du projecteur de scène.

> La séquence s'ouvre sur un plan général du plateau du théâtre, vu de la cabine de l'ingénieur du son : large console au premier plan avec ses multiples boutons et ses lumières multicolores; au milieu de la scène, le piano, le pianiste, Jacques Douai et Madeleine Chantoiseau. Pierre vient d'arriver, pris au piège du cercle de lumière. On entend le début de *la Chanson de Marie*, interprétée par Monique Miville-Deschênes; c'est un extrait de la bande sonore du film *le Règne du jour*.

Voix de MONIQUE MIVILLE-DESCHÊNES
Ne dirait-on pas qu'il n'est plus temps
Le temps de tant d'enfances
Où nous allions sous les branches
Me revient comme un présent.

> La chanson s'arrête là. Gros plan sur Pierre qui écoute, ému.

PIERRE PERRAULT, *à Jacques*.
En tout cas, ça me plairait beaucoup que tu chantes ça un jour...

> Plan moyen sur Jacques Douai qui sent l'émotion de Pierre l'envahir.

JACQUES DOUAI
Oui, avant de disparaître quand même, parce que le temps passe... et quand il passe à la vitesse où on le vit maintenant, c'est quelque

chose d'effrayant, parce que quand tu penses que tu m'as donné ce texte, il y a...

PIERRE PERRAULT, *qui l'interrompt, surpris.*
As-tu fait une musique?

Gros plan sur Jean-Pierre Rémy, le pianiste, qui attend un signe de Jacques pour commencer à jouer.

Voix de JACQUES DOUAI
J'ai fait une musique... j'ai commencé une musique... (à Jean-Pierre Rémy) Tu me fais un petit... ne serait-ce qu'un accord pour que je puisse commencer.

Jean-Pierre acquiesce, donne les premières notes et Jacques se met à chanter d'une voix superbe et émouvante *la Chanson de Marie*, sur la musique qu'il vient de composer.

Voix de JACQUES DOUAI
Au bout de ce grand bout de terre
De peine et de misère
Dis-moi Marie
Pourquoi le silence grandit
Est-ce parce qu'on vieillit
Dirait-on pas qu'il n'est plus temps
Le temps de tant d'enfances
Où nous allions sous les branches
Me revient comme un présent

Parce que c'est de vivre
Pourtant qu'on meurt (bis)

Après ce beau bout de pommier
Au bout de ce grand bout de mer
Bout de chemin
Bout de misère
Dis-moi Marie
Est-ce parce qu'on vieillit
Tout ce qui nous a surpris
Ne nous arrivera plus guère
Au bout de ce grand bout de mer

Parce que c'est de vivre
Pourtant qu'on meurt (bis).

Jacques arrive au bout de sa musique inachevée. Il s'arrête de chanter, comme si le texte lui faisait défaut. Alors Pierre, tout naturellement, poursuit la lecture de son poème jusqu'à la fin, la voix brisée par l'émotion, à peine audible.

Voix de PIERRE PERRAULT

J'ai régné sur les saisons
Le temps nous dure à peine
Étions-nous faits pour la chanson
Avant d'avoir filé la laine
Dis-moi Marie
Marie de mes jardins
Puisqu'on parle de la vie
Puisque le temps petit à petit
Prend la place des murs
Puisque l'amour
Ne vaut pas plus ni moins que ce qu'il dure
Dis-moi Marie
Marie de toute la terre
Dis-moi si tu te rappelles
De la neige
Qui neige
Sur la neige.

Un silence. Pierre se tait un instant. Puis il s'anime soudain, appuyé sur le piano, debout entre Madeleine Chantoiseau et Jacques. On sent chez lui le besoin de se justifier, d'effacer l'aveu impudique, de se dérober à l'émotion qui l'étreint.

PIERRE PERRAULT

Ce n'est pas moi qui ai écrit ça. Tous les mots qui sont là-dedans, plus ou moins, je les ai empruntés à Alexis, à son rapport avec la vie, à son rapport avec la mort, à son rapport avec Marie. J'ai essayé au fond... parce que... parce que cette Marie-là (à Jacques), tu l'as connue toi?

JACQUES DOUAI, *ébloui par le souvenir de la petite vieille.*

«Ce n'est pas moi qui ai écrit ça…»

Ah! tu penses!

PIERRE PERRAULT

Parce que cette Marie-là était pour moi un être fascinant, parce que
très beau… à la fois très beau et à la fois très simple… et le bonhomme
Alexis (il gonfle le torse pour évoquer Alexis et cette image de
l'homme…) je me suis… J'ai essayé de l'aimer à la place d'Alexis.

> Un silence qui laisse apparaître, en noir et blanc, l'image
> furtive de Marie, le sourire figé dans une grande tendresse.
> Puis on revient au visage de Pierre, en gros plan. Bleu
> intense de ses yeux qui semblent fixer l'image disparue
> de Marie.

PIERRE PERRAULT

Moi, ça m'a pris beaucoup de temps à la découvrir… énormément
de temps. Au fond, je l'ai découverte un jour : je la voyais avec
Alexis, elle était là tout le temps, elle filait sa laine, et puis Alexis
était là, bravache (il gonfle à nouveau le torse pour évoquer Alexis),
qui racontait des histoires; et puis, un jour, je suis allé chez Alexis,
il n'était pas là! Il n'y avait que Marie. On a parlé de Noël. C'était
tellement beau ce qu'elle me racontait! Et puis, progressivement,
j'ai essayé le plus possible de me rapprocher d'elle. Et jusqu'à sa

mort... Tiens, il faut que je raconte cette petite histoire que je trouve très belle.

J'allais la voir et puis elle me disait toujours des merveilles. Un jour je suis allé la voir; entre autres... elle me dit — et je voyais l'image du film où elle s'en vient de l'église avec la neige qui tombe —, elle me dit : «Le Bon Dieu m'a tout donné, m'a tout enlevé.» Elle croyait beaucoup au Bon Dieu, bien sûr, et puis elle ne voyait plus clair, etc., elle entendait dur, sauf qu'elle oubliait une chose, c'est qu'elle n'avait pas perdu sa lucidité, à aucun moment. Elle dit : «Je vais à l'église, pis quand je reviens, il me faut ma canne, parce que j'ai de la difficulté à marcher dans le chemin, parce que, à mon âge, on vit plus, on dévie!»

> L'émotion de Pierre gagne ses interlocuteurs. Dans le silence, par montage, en noir et blanc, apparaît la silhouette menue de Marie, ombre légère qui revient de l'église à travers la neige fine qui tombe drue. L'espace d'un souvenir. Puis sur l'image muette, la voix de Pierre qui continue.

Voix de PIERRE PERRAULT

C'est peut-être ce qui m'est arrivé de plus beau dans toutes mes aventures de voyage sur la Côte, c'est d'avoir été... d'avoir senti vraiment que Marie m'aimait...

> Pierre revient à l'image, en plan moyen, entre Madeleine et Jacques. Il semble habité par sa propre mémoire, indifférent à ses interlocuteurs comme à la caméra.

PIERRE PERRAULT

C'était très émouvant parce qu'il n'y en avait plus. Elle était fragile. C'était un oiseau. Pis quand j'arrivais, elle se levait vite; elle était rapide, elle avait un petit pas pressé. Pis, je l'embrassais, là, elle venait m'embrasser, pis, c'était tellement petit, tellement fragile... et puis j'avais le sentiment que je n'avais pas le droit de ne pas aller la voir. Je savais qu'il fallait que j'aille la voir. Et ça, d'avoir réussi... à me faire aimer comme je l'aimais... de cette femme-là, je trouve ça... vraiment, vraiment émouvant. C'est vraiment extraordinaire.

> MADELEINE CHANTOISEAU, *d'abord une petite toux discrète comme pour dissiper la trop grande émotion qui règne sur le plateau.*

«Et ça, d'avoir réussi... à me faire aimer comme je l'aimais...»

... Ce que tu lui fais dire à Marie... enfin, ce que tu dis sur Marie, c'est bien «Marie...», je ne sais plus où est le passage, mais «la terre...»

> JACQUES DOUAI, *qui vient au secours de Madeleine.*

Marie de mes jardins, Marie de mon pays...

> MADELEINE CHANTOISEAU, *à Jacques.*

C'est ça! (Puis se tournant vers Pierre.) Ça, quand tu parles d'elle... tout à l'heure tu as dit : «Cette chanson, je l'ai écrite, parce que, en fait, je voulais l'aimer à la place de...» — tu as dit quelque chose comme ça : «Je voulais l'aimer à la place d'Alexis»...

> PIERRE PERRAULT, *qui l'interrompt et poursuit.*

Mais en utilisant les mots d'Alexis... Oui, c'est ça, je voulais l'aimer à la place d'Alexis. Et c'est vraiment une chanson...

> JACQUES DOUAI, *qui achève à sa façon la phrase de Pierre.*

C'est la plus belle chanson d'amour que je connaisse…

MADELEINE CHANTOISEAU

Sûrement.

PIERRE PERRAULT

Peut-être pas tant que ça… mais c'est vraiment une chanson d'amour pour Marie. Et une chanson d'amour… vraiment c'est ça. Je ne connais pas d'autres mots pour traduire mon sentiment à l'égard de cette femme-là et mon admiration.

MADELEINE CHANTOISEAU, *convaincue… d'une certaine façon.*

Oh! Certainement! Certainement que c'est un très beau personnage! (Puis soudain en le regardant bien en face.) Mais en fait, on est obligé de constater — et je ne suis pas la seule à le faire — l'absence de femmes dans ton œuvre filmique…

PIERRE PERRAULT, *d'emblée sur la défensive.*

Je ne me suis jamais posé la question de faire un film avec des femmes ou sans femmes, avec des hommes ou avec ceci ou avec cela. Et c'est peut-être à cause de moi! Moi, je suis très physique. Alors, je plante… je tends une pêche à marsouin : la première femme qui est venue dans la pêche à marsouin, c'est la mienne! Y avait pas de femmes dans la pêche aux marsouins. Je ne pouvais pas filmer des femmes!

MADELEINE CHANTOISEAU, *fausse ingénue.*

Fallait filmer la tienne peut-être?!

PIERRE PERRAULT, *excédé et désemparé à la fois.*

Ben non, mais c'était après! (Tentant une dernière explication.) Et puis à l'Île… à l'Île, entre autres, quand on filmait, les femmes se sauvaient… Qu'est-ce que tu veux que je te dise; ça me faisait de la peine… à moi le premier, mais je ne pouvais pas les forcer… je ne pouvais pas leur tordre le cou (il mime le geste). J'ai cherché à gauche et à droite; mais je n'ai pas cherché pour dire : «Il faut absolument que j'aie une femme dans ce film-là.» Non! Ça ne m'intéresse pas ce genre de démarche. Et dans la poésie — puisqu'on parlait de la poésie tout à l'heure — dans la poésie, il y a *la Chanson de Marie*, mais il y a beaucoup de femmes dans la poésie et dans *En désespoir de cause*, en particulier, le film… le poème le plus revendicateur… je dis qu'une femme… je réclame une femme.

MADELEINE CHANTOISEAU

Oui... oui...

PIERRE PERRAULT

Je réclame *une femme*. Je réclame Jeanne d'Arc, au fond...

À propos de Jeanne d'Arc

Je voudrais ici, pour préciser la nature de l'émotion dans cette scène et pour compléter le non-dit de Pierre, montrer à l'aide de la très pertinente étude de Madeleine Chantoiseau l'importance accordée dans la poésie de Perrault à la femme comme métaphore, alors qu'elle semble quasiment absente de ses films.

Madeleine Chantoiseau fait clairement apparaître comment, dans l'œuvre poétique, le pays, qu'il soit évocation de la terre, de la mer, de l'eau, de la parole, est femme, matricielle et érotique. Je lui emprunte pour mémoire et en guise d'illustration ces quelques extraits[1] de :

PORTULAN

> *femme la plus belle [...]*
> *tes lèvres joviales [...]*
> *réveille ta gorge gonflée [...]*

BALLADE DU TEMPS PRÉCIEUX

> *J'ai aperçu dans ses corsages*
> *la belle plus ronde que l'anneau*
> *la belle qui détourne les rivages*
> *et son corps plus libre que l'eau.*

---

1. Madeleine Chantoiseau, in *Écritures de Pierre Perrault, op. cit.*

UN POISSON DANS LA MER

Les prémisses étant posées je te conjugue
avec être et avoir avec terre et mer
avec arbre aussi et l'écorce fine
ma sauvage mon indigène ma preuve
ma tempête de sang ma dernière
extrémité et je te commets comme
une faute
car elle est belle en péché la marée
de tes nuits blanches à mes poignets
d'ignorance.

TOUTES ISLES

Et j'ai vu très haut une rivière disposer
des constellations
le corps le plus navire ne s'impose pas à l'amour
la femme la plus fontaine ne se module pas
sur un signe des mages.

GÉLIVURES

Nue comme la vengeance je t'épouserai ma neigeuse sans leur
consentement policier sans même l'assentiment des aïeux
prophétiques [...] et comme toi quoi qu'on en dise femme ou
neige à la grandeur du pays ils sont de la race blanche des
loups et ils exercent le froid jusqu'à l'âme.

Et l'équation pays-femme explose dans l'érotisme le plus ardent, jusqu'à la possession, dans *En désespoir de cause,* que Perrault écrit sous le coup des événements d'octobre 1970 :

J'accoste le plaisir... j'inaugure les monuments
de l'orgasme et de l'organeau... je survis au
conditionnel... j'exorcise la lâcheté... je siffle les
balles... elles se jettent sur moi... le corps à corps
m'inspire des exploits... le monde est beau en

péché… j'entre en désespoir comme en religion.
Je me jette dans l'amour comme au plus pressé…
j'en sors vitrifié […] je te parle et je me
comprends… les arbres à cœur ouvert me corro-
borent.
[…]
Tout se passe comme
si
je n'en croyais pas mes yeux
je me mis à saluer le mal de mer comme un
voisin.

Étrangement, à l'opposé de sa poésie, le cinéma de Perrault, qui se prête pourtant à la métaphore, concentre tout le discours amoureux sur Marie Tremblay, dont l'image est celle d'une mère âgée, fragile et vive, qu'on ne peut soupçonner d'érotisme. Il reste *la Chanson de Marie* qui associe d'un côté cet aspect métaphorique de la femme qui se fait chair et pays (et qui dans la poésie lève tout interdit : elle le provoque et suscite sa passion) et de l'autre, dans le film, cette image de la mère — terre et patrie — menue et fragile, Jeanne d'Arc sans âge, gardienne de la langue avec laquelle toute consommation sexuelle est impossible. *Le Règne du jour* met ainsi en évidence, au-delà de la pudeur de Perrault qui refuse de prendre en compte la part inconsciente de sa réalité, l'être dual et duel qu'il est et qui transfère sur le Je collectif les pulsions et les aspirations de son moi profond. Il transgresse, somme toute, dans la poésie, les contradictions de son cinéma à l'égard de l'image de la femme.

Ce que Madeleine Chantoiseau traduit clairement dans son étude :

«On ne peut donc que constater cette différence d'approche de la femme dans la poésie et dans les films de Pierre Perrault. Je pense qu'on peut tenter d'expliquer ce phénomène par l'existence d'une convergence entre l'interdit œdipien (universel) qui est : tu peux posséder toutes les femmes, sauf une, ta mère; l'interdit «québécois» lié à l'éthique catholique qui interdit l'amour en dehors du but de la procréation et ce que J.-C. Milner appelle un œdipe renforcé au Québec

> par l'histoire de la langue maternelle : langue
> interdite par le dominant anglais [...]. La mère
> est naturellement et culturellement celle par qui
> la langue arrive[2].»

Voilà donc en partie ce que cachent l'embarras et la dérobade de Pierre dans cette scène, ce qui révèle également la difficulté de conclure pour Madeleine et qui charge tout particulièrement de sens le «tant mieux si c'est comme ça» de Jacques Douai.

Ceci, un peu à l'image du dialogue ambigu sur la femme, entre Alexis et Grand-Louis, dans *le Règne du jour,* qui vient clore la séquence.

> Gros plan rapide sur Jacques Douai qui sourit, tout à
> l'écoute du jeu de chassé-croisé entre Madeleine et Pierre.

> MADELEINE CHANTOISEAU, *qui, de toute évidence,*
> *n'est toujours pas convaincue par*
> *l'argumentation de Pierre.*

Oui... Mais, enfin... je veux dire, pour la conversation...

> JACQUES DOUAI, *à l'arrière-plan.*

Tant mieux si c'est comme ça!

> MADELEINE CHANTOISEAU, *qui n'écoute pas et*
> *poursuit à l'intention de Pierre.*

... la conversation sur le sujet, elle est sans fin, parce qu'en fait, toi, tu donnes des explications logiques, cohérentes, avec un enchaînement qui te satisfait, mais en fait ce que tu en dis, à la limite, c'est pas très satisfaisant...

> Pierre la regarde en souriant, comme s'il comprenait
> parfaitement ce qu'elle veut dire.

> MADELEINE CHANTOISEAU

Excuse-moi... (Elle rit).

> PIERRE PERRAULT, *à bout d'argument.*

... j'peux pas te dire...

> MADELEINE CHANTOISEAU

Ce n'est pas très satisfaisant parce que tu es en position de te défendre. Tu veux argumenter ...

---

2. *Ibid.*

Plan général des quatre personnages sur le plateau du théâtre. La conversation se perd sur la dernière affirmation d'un Jacques Douai plein de bonne volonté à l'égard de son ami...

JACQUES DOUAI, *à Madeleine*.

Ce que vous dites à propos de l'absence de femmes, c'est compensé par la qualité des rares femmes qui sont dans ses films...

La caméra quitte la scène, s'élève vers les cintres et les projecteurs. Obscurité parsemée de quelques lumières multicolores. On entend la voix d'Alexis Tremblay en contrepoint de la séquence précédente.

Voix d'ALEXIS TREMBLAY

Une femme c'est beau, ça... dans le lit...

Puis Alexis apparaît à l'écran. Il est en conversation avec Grand-Louis. Tous les deux plantés au bout de l'Île, le dos tourné au fleuve, ils commentent les considérations d'Alexis sur les Françaises et concluent sur les femmes en général. C'est un extrait du *Règne du jour*, en noir et blanc.

ALEXIS TREMBLAY

... parce que tu sais qu'une femme déshabillée, c'est la bête la plus laide que tu peux voir sur la terre. (Il rit.)

GRAND-LOUIS, *qui surenchérit... pour tenter de mieux y croire*.

Oui... oui... oui... C'est pas regardable...

ALEXIS TREMBLAY

C'est-y vrai?

GRAND-LOUIS

... c'est pas regardable...

ALEXIS TREMBLAY

As-tu déjà regardé ça?

GRAND-LOUIS, *les yeux brillants*.

Ben... maudit, c'est pas regardable... (Pour se convaincre.) Ben, c'est la seule chose qu'on peut pas envisager... faut pas regarder ça trop longtemps. Tu peux pas regarder ça longtemps. Parce que c'est une affaire incomprenable.

«Ben... maudit, c'est pas regardable...»

(Alexis rit de plus en plus.)

GRAND-LOUIS, *catégorique*.

Tu peux pas comprendre cette affaire-là... Y a toujours un bout, maudit! Tu peux pas comprendre ça! Ça fait que tu jettes un coup d'œil (il mime), boup!

Les imprévus de la mi-carême

[…] de tels lieux lèvent, eux, énigmatiquement
un voile sur le futur […]; nous nous sentons
inexplicablement en pays de connaissance, et
comme au milieu des figures d'une famille
encore à venir.

Julien GRACQ, *les Eaux étroites.*

À l'île aux Coudres, tandis que Perrault se repose, Léopold,
complice, m'entraîne à sa suite dans un nouveau tour de l'Île.

Cette fois, il le sait, il témoigne pour demain, il prend le cinéma
et le cinéaste à témoin, il refait à sa façon le discours de l'Île sur
Perrault.

Nous sommes en mars, en pleine mi-carême; tout comme il y
a un peu plus de vingt ans, quand le cinéma est arrivé à l'Île avec
la caméra agile et lyrique de Michel Brault et l'étonnement de Pierre
Perrault. Mais aujourd'hui, on sait, à l'Île, ce qu'est le cinéma et
on sait l'importance de *Pour la suite du monde*.

Quand je propose à Léopold de réunir ses amis autour de la
projection du film — il en garde chez lui une copie qu'il montre
«au moins une fois par an», m'avoue-t-il —, la bonde est lâchée,
le signal est donné, je ne contrôlerai plus rien de ce qui va arriver;
Martin et sa caméra, Yves et ses micros, Denis et ses éclairages,
Carol et ses magasins de pellicules, tous nous serons lancés à la
suite de Léopold comme les canots déchaînés au milieu des glaces
de la traverse d'antan.

En moins d'une heure, Léopold avait trouvé un lieu de projection, à la salle de l'Âge d'or, d'où il avait déporté sans autre préavis le cours «de croissance personnelle» qui, avec le bingo, reste l'activité sociale la plus populaire sur l'Île. D'ailleurs ce soir-là il y eut des absences exceptionnelles à cette session d'épanouissement «dirigé» où, me confiait une habituée, «on aime venir pour apprendre à augmenter son potentiel d'expression et surtout pour prendre confiance dans son parler!» Est-ce dire que le «bagout génétique» de Grand-Louis et d'Alexis serait en voie de disparition sur l'Île devant la multiplication des gourous de «la réussite de soi» (sic)?

Léopold nous essoufflait dans son tour de l'Île selon un parcours qui suivait la logique de la communication et non celle de la géographie : nous allions à l'ouest, dans telle maison, chez telle «cousine» où il s'agissait de faire lever d'éventuelles objections devant la projection improvisée, de les déjouer par une parole torrentielle, de séduire et de convaincre. J'imaginais sans peine, vingt ans plus tôt, le trajet de Léopold convainquant les uns et les autres de l'importance du retour à la pêche au marsouin et de la nécessité de faire un film. Puis, nous traversions l'Île de part en part, vers l'est pour rejoindre la personne clef de la mi-carême. En moins d'une heure, toute l'Île était au courant du stratagème de Léopold.

L'Île nous faisait son cinéma et nous posait, sans le savoir, la question fondamentale du sens de cette entreprise. Elle nous rappelait innocemment que le cinéma que nous tentions de faire (et je pense que Perrault, à la suite de Flaherty, à proximité de Richard Leacock, de Jean Rouch, de Michel Brault, de Georges Dufaux, d'Arthur Lamothe, de Bernard Gosselin et de quelques autres, a ouvert une voie) était toujours un voyage dans une terre étrangère et familière à la fois. Quel que soit le voyage parmi les voyages dont parlait si bellement Michel Serres, ce n'est pas le voyage qui induit le récit, mais bien la volonté de récit qui provoque le voyage.

Malheureusement, le cinéma ne peut être partout à la fois. Il capte au mieux, comme un filet aux mailles trop larges, l'espoir d'une pêche, l'espoir d'un sens.

Pour suivre la course de Léopold et l'agitation de l'Île, il aurait fallu plusieurs caméras, plusieurs prises de son... tout au moins pourrait-on le penser. Mais tu fais ta pêche avec la marée, sans plus! La belle capture était là et il restait à en faire le récit et le commentaire, en somme, à la légender, et le montage parfois cisèle l'impossible. C'est ce que j'ai appris avec Babalou Hamelin en montant entre autres cette scène, à nos risques et périls, car la matière était vive et glissante comme truite de rivière, et il fallut beaucoup de prudence pour conserver le multiple et ne pas détruire l'imprévisible. Il fallait en somme garder le bruit de fond qui fait l'éclat de ce tournage.

Deux mois plus tard, Michel Serres, à sa table d'écrivain, sans le savoir me donnait la clef de la séquence.

MICHEL SERRES

Ce qu'il y a à raconter... ce n'est pas forcément le voyage qui a été prévu parce que lui, il a été prévu, mais le fait qu'on s'est cassé la figure à tel endroit, mais le fait que le coucher du soleil a été particulièrement superbe... mais le fait que...

À l'île aux Coudres. Léopold Tremblay de dos. Plan général. Il se dirige rapidement vers une maison, il monte l'escalier.

Voix de MICHEL SERRES, *sur ce plan.*

... qu'au moment de la mi-carême, nous ne savons pas ce qui va se passer...

Léopold ouvre la porte d'entrée. Puis la seconde porte, et disparaît dans la maison. Plan fixe sur la maison. On entendra seulement le dialogue entre Léopold et son interlocutrice (la fille de Grand-Louis).

ELLE

Mais dis-moi donc?

LUI

Mais dis-moi donc!

ELLE

Quel bon vent t'amène!

LUI

Je suis venu t'inviter à soir à la salle de l'Âge d'or. On projette le film *Pour la suite du monde.* Va y avoir Pierre Perrault! Lui, il n'est jamais filmé, Pierre Perrault, mais c'te fois-là il est filmé, lui.

ELLE

Pis, y a pas de mi-carême qui vient?

Vingt-cinq ans plus tôt.

Tandis que Léopold s'enivre de son stratagème et jouit d'avance des effets de sa mise en scène sur Pierre Perrault, apparaissent en noir et blanc des images de *Pour la suite du monde*, vingt-cinq ans plus tôt : sur la route de l'Île s'avance silencieusement une automobile qui semble sortie d'*American Graffiti :* l'auto s'arrête. Des jeunes gens masqués, grimés, déguisés s'en échappent comme s'ils venaient d'un autre monde, ils font un début de parade, tournent et dansent au milieu du chemin, puis s'engouffrent dans le véhicule qui s'éloigne lentement, sans bruit. On entend la voix de Léopold qui parle au présent de l'Île, puis apparaissent les couleurs de l'hiver et la maison en plan fixe qui contient la suite des dialogues d'une scène dont on continuera à deviner les protagonistes.

Voix de Léopold Tremblay
Non! Non, non, non. À cause que tu en as vu des mi-carêmes, toi?

Voix de la Fille de Grand-Louis
Oui, ils sont venus icitte. Et on a eu du fun là, à mourir.

Voix de Léopold Tremblay
Je peux-tu t'embrasser avant de partir?

> Voix de la FILLE DE GRAND-LOUIS, *riant.*

À soir! À soir!...

> Voix de LÉOPOLD TREMBLAY, *que l'on devine*
> *l'embrassant, mais pour mieux lui*
> *chuchoter à l'oreille, dans un souffle.*

... oui, il y a des mi-carêmes!!

> Voix de la FILLE DE GRAND-LOUIS

Eh! (Elle rit.)

> Voix de LÉOPOLD TREMBLAY

On veut pas que ça se dise ça. Pierre Perrault ne le sait pas qu'il va y avoir des mi-carêmes, lui, pis les mi-carêmes vont lui tomber sur le dos.

> Voix de la FILLE DE GRAND-LOUIS

Pauv' diable!

> Voix de LÉOPOLD TREMBLAY

Alors, t'as-t'y bien compris!! là!

> C'est le soir. À l'intérieur de la salle de l'Âge d'or, la projection s'organise. Le projecteur, prêt à démarrer, est posé sur une petite table, au milieu du public. Devant la scène, un écran encore muet. Les gens de l'Île ont répondu à l'appel de Léopold.
> Nommer un à un ceux et celles qui composent le public ce soir-là, ce serait reprendre les génériques de *Pour la suite du monde, le Règne du jour, les Voitures d'eau...*
> Il y a la fille de Grand-Louis qui va pleurer en retrouvant son père à l'écran; il y a le fils de Grand-Louis qui se tait; il y a Laurent Tremblay, le capitaine des *Voitures d'eau,* qui a tout dit; il y a Joachim Harvey, le dernier capitaine, qui va commenter; il y a, enfin, l'île aux Coudres qui attend dans son album de famille et qui a perdu toute innocence.

> Voix de JOACHIM HARVEY

C'est le plus beau film!

> LA FILLE DE GRAND-LOUIS

Ça se peut-tu?

> VOIX de JOACHIM HARVEY

Vous savez, *la Suite du monde,* il a été mis en nomination à Toronto?!
Cette année!

> LA FILLE DE GRAND-LOUIS

J'l'ai vu à la télévision.

> JOACHIM HARVEY, *qui prend Michel Garneau à*
> *témoin pour confirmer l'évidence du*
> *succès du film, reconnu encore vingt*
> *ans plus tard comme un des meilleurs*
> *films canadiens par le Festival de*
> *Toronto.*

Il a été mis en nomination à Toronto, c't'année, *la Suite du monde!*

> LA FILLE DE GRAND-LOUIS

Il y avait les meilleurs acteurs de l'île aux Coudres!

Cela dit à la caméra, pour mieux contourner le cinéma : une
manière bien désarmante somme toute d'affirmer la prépondérance
du personnage sur le comédien, une prépondérance si chère à Perrault,
qui déclarait autrefois :

> «On n'empêche jamais les choses qu'on filme de
> suivre leur cours : telle est ma règle à moi et c'est
> seulement une autre règle. Puisque, l'imprévu,
> c'est ce qui doit arriver, nous n'avons aucun droit
> de le tuer au risque de chasser le naturel qui ne
> revient pas au galop [...][1]»

Si le personnage cabotine un peu à l'écran, c'est qu'à la différence d'un comédien professionnel, il ne sait pas se dissimuler à la
caméra; en somme, c'est parce qu'il n'a pas de métier. Ce que
résume fort clairement Joachim Harvey.

> JOACHIM HARVEY

... Des comédiens nature... c'est des comédiens...

> Mais sa voix se perd dans les cris et les rires. L'évocation
> du tournage a déchaîné les mémoires et chacun y va de
> son anecdote.

---

1. Pierre Perrault, in *Cinéastes du Québec,* 1970.

> JOACHIM HARVEY, *trônant largement sur son*
> *siège, il semble attendre une accalmie*
> *dans les rires. Un semblant de silence.*
> *Il prend à nouveau Michel Garneau à*
> *témoin et s'impose.*

Faire un film… faut oublier la moitié de ce qu'on dit dans ça! Ça prend des ostineux, ça prend des contraireux… Il faut… Il faut faire oublier la caméra. C'est ça qu'est le principal!

> Un instant la salle se tait. Tout le monde a entendu.
> L'image se fige sur le visage de Joachim et, en lettres
> jaunes, apparaît en surimpression, comme une maxime,
> ce qu'il vient d'affirmer péremptoirement :
>
> UN FILM
>
> ÇA PREND DES OSTINEUX
>
> ÇA PREND DES CONTRAIREUX
>
> FAUT FAIRE OUBLIER LA CAMÉRA
>
> C'EST ÇA LE PRINCIPAL
>
> JOACHIM HARVEY, CAPITAINE,
> ÎLE AUX COUDRES, MARS 1985

De ce cinéma tout est là, en cinq lignes, pour celui qui, pendant vingt-cinq ans, tout comme Léopold, a observé la démarche de Perrault dans le choix des protagonistes de ses films. Et le capitaine Harvey, qui fut de ceux-là, a compris que, dans le dialogue, deux êtres poussés à bout se découvrent, se révèlent et que ce n'est pas empêcher les événements de suivre leur cours que de les provoquer — de les «ostiner» —; et qu'un homme qui rencontre l'opposition — le contraireux — ne peut plus soutenir un autre personnage que le sien.

C'est cela également l'éloquence selon Perrault, cette façon de confronter un personnage à lui-même par la présence de l'autre et de chercher pour cela la situation favorable; ce que Yves Lacroix, en sémiologue raffiné de l'œuvre de Perrault, a parfaitement expliqué.

Ainsi se confondent deux manières de naviguer en interprétant les signes : l'intuition du marin rejoignant le talent de l'analyste, ou l'inverse!

> «Et pour provoquer cette éloquence dans *Pour la*
> *suite du monde,* il a confronté, au milieu des

marguerites, le chantre d'église et un ''homme
de peu de foi'' qui refuse de payer son écot aux
âmes du purgatoire avant d'avoir été exaucé. Dans
le Règne du jour, apprenant la mort de la jument,
il demande aux enfants de taire la nouvelle, le
temps que le cinéma fasse son œuvre auprès des
vieux; ensuite, qu'est-ce qui se passe? Le vieux
dit : ''Marie! je cré quasiment que la pouliche
est partie.'' Il est question de mort et
d'acharnation[2] du cœur, de la souffrance évidente.
Le vieux dit : ''Vous avez pas de cœur dans le
corps. C'est ça que vous avez. La vieille est 'tou'
désâmée''[3].»

Mais si le cinéaste est rusé, le personnage, lui, n'est pas naïf.

JOACHIM HARVEY

Oui... parce que, il y en a plusieurs qui me l'ont dit... ce film-là a
été mis en nomination! S'il avait coûté de l'argent! Ce succès qu'a
rapporté le titre à Toronto... c'est le p'tit Radio-Canada... qu'ils
nous annoncent tous les jours... le p'tit film de Radio-Canada... il
avait coûté un million!! Nous autres, il a coûté quoi? Quelques
cigarettes!

Joachim trône de plus en plus. La caméra découvre Pierre
Perrault, assis à côté de Léopold qui ne sait vraiment plus
s'il doit rire...
À l'évocation du travail du film et de la pêche, le brouhaha reprend dans l'assistance et seuls se détachent
quelques commentaires audibles.

Voix de la FILLE DE GRAND-LOUIS

Des sueurs!!

Voix de PIERRE PERRAULT

Des sueurs en masse!

---

2. *Acharnation* : le mot, créé par Alexis, sorte de contraction entre acharnement et incarnation, veut dire l'amour, de peine et de misère, et l'attachement
sans bon sens, au superlatif. Perrault le prend à son compte pour signifier par
extension le «goût du pays».

3. Yves Lacroix, in *Écritures de Pierre Perrault, op. cit.*

JOACHIM HARVEY, *qui reprend au bond.*

Des sueurs en masse! Ouais! On a travaillé! On a travaillé pour ce film-là!

LA FILLE DE GRAND-LOUIS

J'te jure que ça a été un de nos plus beaux souvenirs pour nous autres!

JOACHIM HARVEY

Hein?!

LA FILLE DE GRAND-LOUIS, *haussant la voix.*

Ça a été un de nos plus beaux souvenirs qu'on n'oubliera pas jamais! C'est impossible d'oublier ça!

> Déjà la projection est commencée.
> Joachim Harvey, plus jeune, plus mince, mais avec le même sourire ironique, apparaît à l'écran, assis dans la cuisine de Grand-Louis. Attablés tous les deux, ils regardent le hockey à la télévision. On entend par bribes les commentaires du journaliste sportif mêlés aux considérations de Grand-Louis sur ce «sport national des Canadiens». Et par vagues, il y a la rumeur des spectateurs de la salle de l'Âge d'or qui vient couvrir le son du film.

> Voix de la FILLE DE GRAND-LOUIS, *qui émerge de la rumeur de la salle.*

Quand papa arrivait à l'écran, les rires arrivaient!

> Et puis un court silence.
> Le film est là qui remplit l'écran. Gros plan sur Grand-Louis assis à la table de la cuisine, en face de Joachim. Ils se taisent, on entend le match de hockey en fond sonore. Soudain, on frappe bruyamment à la porte.

> GRAND-LOUIS, *surpris.*

Entrez!

> Un groupe de jeunes gens déguisés, masqués, fait irruption dans la cuisine, en hurlant, en grognant, en se contorsionnant.

> UN MASQUE, *d'une voix rauque, sinistre.*

Bonsoir... Bonsoir... Bonsoir...

UN GRAND DIABLE, *hurlant*.

Ouh!

Souriant et complice, Grand-Louis se prête gentiment aux
jeux de la mi-carême et de la tradition. Le cinéma participe à l'accomplissement du rituel : la caméra de Michel
Brault virevolte avec les masques et précède la danse.
Brusquement les lumières s'allument dans la salle de l'Âge
d'or estompant sur l'écran la mi-carême dans la cuisine
de Grand-Louis; mais comme si la bande sonore déréglée
rejouait le début de la séquence, on entend les mêmes
cris, les mêmes hurlements : une vingtaine de jeunes gens
masqués, déguisés et multicolores franchissent le seuil de
la salle de cinéma en file indienne, avec la complicité de
Léopold que l'on aperçoit dans l'ombre de la porte. Son
stratagème vient de réussir; vingt-trois ans plus tard, à
l'heure dite, la mi-carême pénètre par effraction dans la
veillée des souvenirs en se riant du temps qui passe et
du cinéma de nos mémoires. Maintenant, ils sont là, gars
et filles indistincts, et la danse commence devant un Pierre
Perrault qui n'en croit pas ses yeux. Léopold a bien
compris la leçon de *Pour la suite du monde* : qu'importe
l'événement; l'essentiel, c'est la passion du quotidien,
l'éloquence du vécu et l'imaginaire qui en surgit. Il est
là, rayonnant, le regard malin, il savoure son coup monté
à la mesure du déchaînement des danseurs. Les images
d'aujourd'hui se mêlent à celles d'hier qui continuent à
défiler sur l'écran en pleine lumière car, dans la surprise
de la mi-carême, on a oublié d'arrêter le projecteur...

L'Île est-elle enfermée dans la mémoire du cinéma, obligée de
reproduire sa propre image comme une idée de pays prisonnière de
ses mythes? L'Île est-elle condamnée à danser aujourd'hui comme
hier, en chantant :

> *Si t'en as eu, t'en auras plus*
> *des p'tits oiseaux qu'ont le bec pointu...*

La bande sonore déverse les souvenirs sur le présent; les
danses s'accélèrent, les masques s'affrontent. Déjà le
cinéma fait partie du vécu, comme la mémoire, comme
l'imagination, au bord de l'illusion.

Dans la danse endiablée, au milieu des cris et des masques, Pierre tangue sur sa chaise comme sur une barque dans la houle.

Il cherche un témoin, appelle à la rescousse, comme s'il lui fallait déjà une sorte de récit pour juguler le débordement de la fête.

PIERRE PERRAULT, *criant.*

Michel! Michel!

Mais aucun des Michel (Garneau et Serres) ne peut l'entendre : ils sont engloutis dans la sarabande des gigueurs et des accordéons.

Un moment choisi dans *Pour la suite du monde* où Grand-Louis à bout de souffle, n'en pouvant plus de faire danser la jeunesse, répond comme en écho à l'appel de Pierre. Il achève brusquement de chanter et de marquer du pied la cadence. Il regarde la caméra et pousse le cri des danseurs qui s'arrêtent de tourner.

GRAND-LOUIS

Oh! Domino! (Il reprend sa respiration et comme pour s'excuser d'être au bout de ses forces, en fixant l'objectif.) J'suis au coton! J'suis au coton! Perrault... j'suis au coton!

Je voulais raconter l'île aux Coudres, vingt ans après *Pour la suite du monde,* et Léopold a fait surgir non pas le dauphin blanc de la pêche légendaire, mais le simulacre de la mi-carême, comme l'improbable d'un mythe qui se met en récit.

Pour le cinéma, l'Île reproduit l'image d'un rituel au bord de la dérision. L'anarchie réclame ses droits; au cinéma d'espérer de l'inattendu et du hasard la confirmation de la vie et de tenter de saisir l'essentiel. Un pari qui rejoint celui de l'écriture et de l'écrivain.

Dans son bureau, à Paris, Michel Serres, crayon en main, feuille blanche posée bien à plat devant lui, tente de raconter la scène de la mi-carême dont il a été témoin quelques mois plus tôt.

MICHEL SERRES

Bon! Mais ça, c'est parfaitement imprévu, parce qu'on croit que c'est comme ça un grimoire et de la grimace pour la représentation... Pas du tout! En fait...

Tandis qu'il parle, reviennent les images de la danse :
deux grands diables dépenaillés se désarticulent sur le
«reel» endiablé d'un accordéon qui joue à tout rompre.

Voix de MICHEL SERRES

... en fait, ce n'est pas seulement la mi-carême qui arrive là au beau
milieu de la soirée, mais l'improbable qui arrive au moment où on
s'y attend le moins.

L'accordéon entraîne les danseurs dans un rythme de plus
en plus rapide et fait surgir de la nuit, en noir et blanc,
comme des fantômes qui s'agitent dans la lueur des phares
d'une automobile, d'autres danseurs, ceux d'une mi-
carême déjà enfouie dans le récit du cinéma : il était une
fois, en mars 1962, à l'île aux Coudres...

Vingt-trois ans plus tard, en suivant Léopold dans la nuit de
l'Île, je ne faisais que relever, me semblait-il, les traces d'un passé
révolu. Mais la mémoire se dérobait, la vie brouillait les pistes!
L'Île refusait d'être le livre figé d'un rituel que je n'aurais eu qu'à
recopier. L'histoire «que je connaissais la veille» par les films de
Perrault m'échappait, la vie réclamait son dû. Restaient le cinéma
et mon récit.

En fait, l'Île et Léopold, sans le savoir, anticipaient la leçon
que Michel Serres allait me rappeler quelques mois plus tard à Paris.

MICHEL SERRES

Vous savez quel est le métier de l'écrivain? Oh, c'est très simple...
il se raconte tous les matins des histoires qu'il ignorait la veille...
C'est pour ça que ce métier est admirable, adorable... c'est que, on
ne sait pas, quand on se réveille le matin, quelle bonne histoire il
va vous tomber sur le papier blanc.
Bon! Et quand on part en voyage, c'est un peu la même chose et...
bon! la mi-carême, je la raconterais comme ça... comme un événement érotique pour vieillards... N'est-ce pas! (Rire diabolique!)...
Quelque chose comme ça! bon! Euh! ils ne seraient peut-être pas
contents que je la raconte comme ça... ou je ne serais peut-être pas
content demain de la raconter de cette façon... mais l'essentiel c'est...
c'est l'imprévisible! Faire naître du hasard dans une vie qui en
manque...

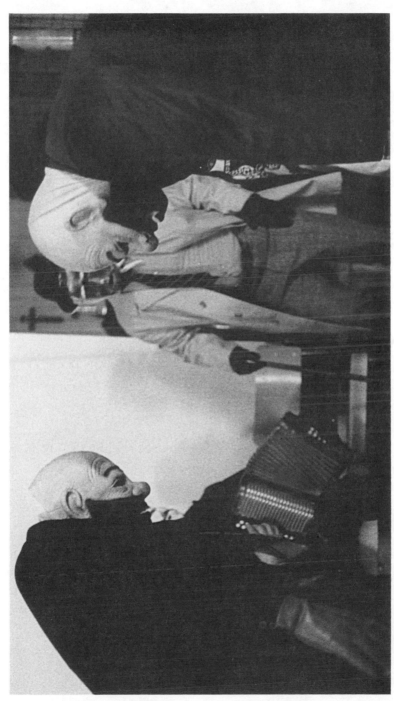

«L'improbable qui arrive au moment où on s'y attend le moins.»

Les chevaux frisés

Ne pas toucher le sol de sa force, ne pas laisser
de trace de sa pesanteur, ne rien marquer, ne
rien laisser, céder, laisser le pas. [...]
Laisser enfin la page blanche.

Michel SERRES, *Genèse*.

Les masques ont disparu dans la nuit de la mi-carême. Le projecteur s'est éteint, laissant Grand-Louis et Alexis rejoindre l'ombre et le silence. *Pour la suite du monde* n'est plus qu'une abstraction, le souvenir d'une écriture indicible, à peine une petite musique lointaine, émouvante et indéfinissable, qui va imprégner la fin de notre séjour à l'Île.

Le lendemain matin, Pierre tourne un petit bout de séquence pour son film *la Grande Allure,* puis nous quittons l'Île en fin d'après-midi. Sur le traversier, le froid est toujours aussi vif; le ciel est limpide et le soleil éclatant. Léopold nous accompagne, intarissable, jusqu'à Saint-Joseph-de-la-Rive; il a trouvé auprès de Michel Serres l'écoute du fils de marinier et, pour lui, il refait la traversée sur les glaces, pour lui il plante dans les mots les harts[1] de la pêche au marsouin. Le traversier reprend Léopold et nous laisse dans le silence

---

1. Les *harts* désignent les branches dégarnies de leurs feuilles que les pêcheurs de marsouins plantaient dans l'eau côte à côte pour former l'enclos dans lequel on emprisonnait l'animal.

Cette concession exceptionnelle à Molson...

du quai désert, où deux cargos échoués pourrissent lentement. Je propose à toute l'équipe de passer la nuit au Motel de nos Aïeux qui, sur le haut perchoir des Éboulements, domine le fleuve. Michel Serres obtient la chambre d'angle qui surplombe magnifiquement le paysage de l'île aux Coudres. À cause de sa blancheur virginale et de son dépouillement, Michel la nomme immédiatement «la chambre nuptiale». Deux larges baies vitrées n'attendent que le soleil couchant. Martin prend la mesure de la lumière, Carol charge les magasins et prépare la caméra, Denis ajuste les éclairages. La chambre se fait de plus en plus nuptiale...

Michel Garneau y entraîne Pierre, et Michel Serres propose à la cantonade une bière pour célébrer une mariée éventuelle. Contrairement à ses habitudes, Pierre n'opposera pas le cidre (de l'identité) à la bière (de l'aliénation). Cette concession exceptionnelle à Molson me confirma que Pierre avait été particulièrement ébranlé par notre court pèlerinage à l'île aux Coudres.

> Michel Serres est assis sur le bord du lit immaculé; Michel Garneau occupe largement un fauteuil tandis que Pierre est tassé sur son siège, silencieux. Derrière lui, à travers la fenêtre, le soleil flamboyant décline doucement en léchant le sommet de la montagne.

Au loin, en bas, l'Île s'obscurcit légèrement, longue et silencieuse au milieu du fleuve, dans les glaces qui renvoient en délires multiples les éclats de la lumière du soir.

Pierre continue à se taire tandis que les deux Michel causent plaisamment de navigation.

MICHEL SERRES

... Quand tu te promènes, tu es mobile, mais quand tu es en bateau, tu es immobile dans ton bateau; c'est le bateau qui est mobile. Tu as l'impression de ne jamais te déplacer, contrairement à ce qu'on pense, les grands navigateurs ne sont pas des explorateurs!

MICHEL GARNEAU

Roussel, l'écrivain, a fait le tour du monde sans jamais sortir de son bateau.

MICHEL SERRES

Le bateau, c'est le village... avec le bateau, tu as la double sensation de voyager sans le faire.

MICHEL GARNEAU, *il sort une feuille de papier*
sur laquelle il vient d'écrire un texte.

Je trouvais ça drôle... j'étais en train de travailler... Lui (il désigne Pierre) me reproche d'être paresseux; ce n'est pas vrai, je manque de temps. Donc, en travaillant sur mon poème, je trouvais qu'il se référait à ce moment précis où nous sommes dans le milieu de l'océan, mobiles et immobiles à la fois (il lit) :

Nous bougeons dans l'attente comme de la neige se tasse,
nous bougeons lentement dans le temps qui nous dépasse
nous bougeons dans une patience
qu'on vienne à manger toute l'évidence
dont on se conte par avance
une sorte d'écho.

Michel achève sa lecture, pose sa feuille de papier sur ses genoux, hésite, regarde rapidement tour à tour Michel Serres et Pierre, puis soudain interroge.

MICHEL GARNEAU

Quelle est la curieuse entreprise qui nous réunit tous les trois? Qu'est-ce qu'on cherche?

Tous demeurent silencieux. Juste le cliquetis régulier de la caméra de Martin. Gros plan sur Pierre. Il fixe un point imprécis devant lui.

PIERRE PERRAULT, *il semble hésiter, puis, sans regarder ses interlocuteurs, comme s'il se parlait à lui-même, murmure.*

Une écriture... (Un silence.)

MICHEL GARNEAU, *pour faire naître une suite à la parole de Pierre.*

Oui...

PIERRE PERRAULT, *lentement, puis plus rapidement, comme un aveu.*

On cherche à vaincre un silence. Moi, c'est ça mon entreprise. (Il marque un temps, sourit, le menton appuyé sur la main repliée.) Et cette écriture-là cherche, pour moi... elle cherche à aller au-delà des apparences et c'est pour ça que je ne peux pas dire le fleuve d'ici, en regardant l'île aux Coudres qui est en bas. Même si c'est très beau; ça ne dit rien. Ça peut être n'importe où!

Par montage, lent panoramique qui dévoile en bas l'Île, immobile, secrète et grave dans ce paysage blanc de neige et bleu de froid. Le coucher de soleil se devine.

Voix de PIERRE PERRAULT

Le fleuve, pour moi, n'existe que par les hommes, que par les situations, que par une pêche aux marsouins, par une écriture, par une possession.

L'écriture que cherche Perrault, ce n'est pas «les belles images» qui ramènent l'imaginaire au spectaculaire. C'est en cela pour lui que le mot «imaginaire» a un sens péjoratif : il est déshumanisant quand il produit des mirages aliénants. Il est superficiel aussi. Ne nous méprenons pas, il s'agit bien d'une condamnation de ce que nous pourrions appeler «l'imaginaire-marchandise», et non pas de l'imaginaire qui est la production de l'homme. Car Perrault hurle à la mort contre la fabrication des idoles et contre tout ce qui prive l'homme de son âme. Et même si les choses ont changé au Québec comme à l'île aux Coudres, le travail de Perrault, qui s'inscrit aux côtés de celui des poètes, des chanteurs, des peintres et des écrivains de la même génération, a été fondamental et reste exemplaire.

C'est ce que Michel Garneau tentait d'expliquer à Michel Serres, la veille, dans la cuisine de Léopold et que nous retrouvons par montage.

MICHEL GARNEAU

Le travail que Pierre a fait, qui est un travail d'inventer notre mémoire, de la mettre au point, d'une certaine façon, parce qu'on en manquait sérieusement... Il se colletaille continuellement à une merveilleuse faculté d'oubli... à des espèces d'évacuation par en dessous. Tout à coup, on s'aperçoit que toute une partie n'est plus là...

MICHEL SERRES

Ce n'est pas très grave, Michel, parce que... Il y a très très peu d'endroits dans le monde dont on peut dire que l'évolution a été aussi rapide et aussi profonde qu'ici...

MICHEL GARNEAU

Mais... il y a énormément de choses qui sont faites ici qui sont imitations, qui sont... réactions à telle ou telle chose...

MICHEL SERRES

Je ne suis pas complètement sûr que l'imitation soit toujours un obstacle... Regarde par exemple au XVIIe siècle français... qui a été le meilleur, et de très loin, du point de vue de l'art, et bien ils se mettaient à imiter sans arrêt des choses qui venaient d'ailleurs... (On découvre Pierre Perrault en plan moyen, qui écoute Michel Serres, dubitatif.) Mais ils ont fait quelque chose qui était à eux quand même!

> Voix de PIERRE PERRAULT, *qui réagit violemment aux propos de Michel Serres.*

> Gros plan sur Michel Serres qui à son tour écoute, étonné par la virulence de la réponse.

Non, Michel! Il n'y a pas de littérature française! Il n'y a pas de Français dans la littérature française! Il n'y a que des Grecs et des Romains! Je vais te renverser, je sais que tu n'es pas habitué à penser... Y en a pas! Moi, je cherche la France dans la littérature française! Y en a... mais quand tu prends le XVIIe siècle!... Regarde le château de Versailles... Qu'est-ce qu'il y a de français dans le château de Versailles? Rien!

Michel Serres en gros plan fronce les sourcils sur cette affirmation de Pierre. Gros plan d'une eau qui dort. La caméra zoome avant en se levant vers l'horizon, tandis que Pierre poursuit sa diatribe contre le XVIIe siècle français.

Voix de PIERRE PERRAULT

La France a été méprisée par les rois et y en a pas! Moi je voudrais qu'il y ait un Québec. Et on ne se soupçonnait même pas!

Voix de MICHEL SERRES

Il y a toujours un mélange! Il y a toujours un mélange extraordinaire dans une culture entre ce qui vient de l'endroit et ce qui a été adapté d'ailleurs... Une culture, c'est toujours ce mélange-là! C'est très très rare qu'une culture vienne exclusivement de l'endroit où elle est!

Tandis que parle Michel Serres, le Grand Canal apparaît dans toute sa longueur avec, en point de fuite, le château de Versailles enchâssé entre les frondaisons du parc, comme une carte postale que le montage vient rompre. Images en noir et blanc : une citation de *C'était un Québécois en Bretagne, Madame* (1977).
Un autocar de tourisme déverse sa cargaison de visiteurs devant l'entrée principale du Château. Il s'agit d'un voyage organisé par l'Office franco-québécois auquel participe Hauris Lalancette, d'Abitibi. C'est la première fois qu'il visite Versailles.
Dans l'autocar, l'accompagnateur donne la consigne au micro.

L'ACCOMPAGNATEUR

Bien! Pour l'après-midi, y a d'abord prévu une visite du Château avec nos conférencières qui sont dans l'autocar... et de toute façon, je vous conseille d'aller à pied avec le groupe jusqu'au Grand Trianon et on repartira là-bas dès cinq heures.

Dociles, Hauris et ses compagnons de voyage descendent de l'autocar et s'engagent dans la cour d'honneur du Château.
Retour de l'image en couleur. À Versailles également, dans la cour de marbre rose au pied de la chambre du

roi, Pierre Perrault rejoint son «guide», Madame Himelfarb, conférencière et historienne, spécialiste du siècle de
Louis XIV, et s'apprête à visiter lui aussi.

Pierre se retrouve donc quelques années plus tard à la
place d'Hauris. Pris au piège du cinéma, le voici sommé
de s'expliquer. Juste retour des choses pour celui qui, si
souvent, a conduit dans ses films ses «intercesseurs» à
mener dans ces lieux d'obscurs débats avec la France.

PIERRE PERRAULT

Vous savez... c'est curieux! Ici, c'est le seul endroit où je ne me
sente pas en France. Et pourtant, j'y reviens. Je suis un peu fasciné,
comme si... (il hésite, comme un boxeur il esquisse un crochet du
droit en direction de la statue équestre de Louis XIV et avoue...)
comme si j'avais une lutte à finir avec Louis XIV. (Il rit.)

HÉLÈNE HIMELFARB

On va vous y aider!

En proposant à Pierre cette rencontre, je gardais en tête
l'inénarrable visite d'Hauris Lalancette à l'intérieur de la
galerie des Glaces.

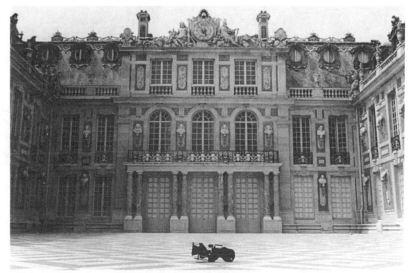

«Comme si j'avais une lutte à finir avec Louis XIV.»

HAURIS LALANCETTE

Moi! Ils ont commencé à nous montrer des châteaux! Écoutez bien!
On s'est promenés là sous des dessins, une affaire immense!

> Campé au beau milieu de la galerie, il désigne les miroirs
> à l'infini.

HAURIS LALANCETTE

Peut-être ben que ça devrait pas être ma place pantoute, d'la manière
que je raisonne dans des châteaux comme ça! Non, je ne comprends
rien! Moi, me mirer dans ce miroir-là? D'après moi, j'trouve ça
ridicule… parce que celui qui se mirait dedans, il avait pas la même
pensée que nous autres.

> Quels comptes, du profond de l'Histoire, Pierre venait-
> il ainsi régler à Versailles? Avec quelles images de la
> France venait-il se battre sourdement?
> Lentement Hélène Himelfarb quitte la cour de marbre
> rose en entraînant Pierre vers la porte de Neptune qui les
> conduira aux jardins. Ils s'éloignent de dos. Au loin, la
> statue de Louis XIV reste impassible, sereine dans un trot
> figé.
> L'écoute attentive d'Hélène Himelfarb impressionne
> Pierre, qui tente alors de justifier son attitude pour échap-
> per à l'image du paysan du Danube.

PIERRE PERRAULT

J'essaie d'exprimer… de m'exprimer à travers mes sentiments…
mon sentiment d'être étranger; d'être étranger ici! Dans le palais de
Versailles et d'être étranger en littérature française!

> HÉLÈNE HIMELFARB, *essayant de comprendre.*

Oui…

PIERRE PERRAULT

Et pourtant, je suis né en littérature française…

HÉLÈNE HIMELFARB

Oui…

PIERRE PERRAULT

J'ai fait mes études classiques comme n'importe qui ici… et, pour
dire mon Québec, je me cherche des parentés en écriture et je trouve
Jacques Cartier!

Ils continuent à marcher côte à côte en s'éloignant de dos. Leurs paroles se perdent.

Hélène Himelfarb, devant l'obstination de Pierre à affirmer que le palais de Versailles n'a rien de français, qu'il n'est qu'un agglomérat d'influences italienne et grecque, désespère de lui faire comprendre que l'art consiste aussi à dépasser l'imitation, à faire siennes les influences et qu'il n'y a rien de plus français que Versailles... En désespoir de cause! Alors, Hélène Himelfarb entraîne Pierre loin de l'agression architecturale. Elle sort son grand trousseau de clefs pour ouvrir une petite porte en fer dissimulée dans le flanc d'une haie taillée «à la française». Elle le fait pénétrer dans un boisé superbe de quiétude et de majesté dont, dit-elle, la «sauvagerie» devrait le réconcilier avec Louis XIV et Versailles. Mais au cœur du bosquet, Pierre va se rendre compte qu'il est dans le jardin de Thétis, composé par le génie des architectes du XVIIe siècle en hommage à cette divinité marine on ne peut plus grecque! Hélène Himelfarb le conduit doucement jusqu'à la clairière centrale devant un petit étang d'eau claire. Pierre lève alors les yeux et découvre la grotte allégorique qui domine la pièce d'eau et d'où s'échappe le cours d'une petite fontaine dont le léger murmure emplit l'espace.

À l'entrée de la grotte, le statuaire s'en est donné à cœur joie : la déesse et ses compagnes rivalisent de grâce dans des postures lascives; Apollon est à la croisée de leurs regards. De chaque côté de la grotte principale, un groupe de chevaux sauvages fringants sont tenus fermement en bride par des athlètes. C'est trop pour Pierre qui ne se maîtrise plus et engage la bataille à ses risques et périls!

PIERRE PERRAULT

L'écriture s'est mise à parler latin et à parler grec... ce qui fait que dans la langue, vous avez des mots qui restent étrangers... à ma mère. Si je lui parle d'un ornithologue ou d'un oto-rhino-laryngologiste... elle ne comprend pas!

HÉLÈNE HIMELFARB, *excédée.*

Ce n'est pas au XVIIe siècle qu'on le doit... (Elle rit.)

PIERRE PERRAULT

Non... c'est une conséquence...

HÉLÈNE HIMELFARB, *fermement*.

Je ne crois pas...

PIERRE PERRAULT, *qui en perd son latin... et son grec*.

Le XVIIe siècle a commencé à parler... Les personnages, le nom des personnages dans les pièces de théâtre... ça n'a rien à voir avec les Français... C'est tous des noms de personnages grecs... Ils sont en jupettes athéniennes!! (il fait le geste) ... ils se déguisent... en Iphigénie.

> Lent panoramique sur la grotte. On aperçoit plus en détail les divers personnages, impassibles spectateurs d'un combat dont ils sont les fantômes. Thétis est figée dans sa beauté de marbre; Apollon ne tressaille pas et les chevaux gardent la pose.

Voix d'HÉLÈNE HIMELFARB

Mais ça c'est la manière dont on les a représentés. C'était l'affaire de la bourgeoisie du XIXe siècle, c'est pas l'affaire du XVIIe. Justement, une des grandeurs du XVIIe siècle français, ça a été précisément de refuser de vénérer, d'échafauder en mythe les arts et l'écriture...

Voix de PIERRE PERRAULT

... Moi, je dis seulement que ça a commencé et que ça n'a pas arrêté depuis... et que j'attends des images de la France. C'est Apollon là? C'est Apollon là?

Voix d'HÉLÈNE HIMELFARB

Oui, bien sûr.

Voix de PIERRE PERRAULT

Comment voulez-vous que je me sente à l'aise avec Apollon, moi, comment?

Voix d'HÉLÈNE HIMELFARB

Eh bien! Pourquoi pas, vous êtes poète! Tout art fabrique des images et votre poésie fabrique des images...

> L'image s'arrête sur les chevaux d'Apollon, fins pur-sang pour mieux dire la force de l'athlète qui les maintient.

Voix d'HÉLÈNE HIMELFARB

On s'assied? (Ils s'asseoient côte à côte sur un rocher devant le bassin.)

PIERRE PERRAULT, *qui semble se demander ce qu'il fait dans ce décor.*

Oui… peut-être…

«Comment voulez-vous que je me sente à l'aise avec Apollon, moi, comment?»

«Au fond, c'est une scène d'amour que je suis en train de faire à la France…»

HÉLÈNE HIMELFARB, *ironique.*

Ce n'est pas sûr? (Puis en montrant la grotte et Apollon assis également.) Vous lui tournez le dos, peut-être?

PIERRE PERRAULT, *en riant.*

Oui, oui, de préférence!

HÉLÈNE HIMELFARB, *perverse.*

Et les chevaux, ils ne vous disent rien?

PIERRE PERRAULT, *surpris, mais plein de bonne volonté, il scrute le marbre inerte.*

... C'est des chevaux frisés!

HÉLÈNE HIMELFARB

Non! Frisé vous-même! (Elle éclate de rire.) Regardez-les avec vos yeux et pas avec vos préjugés!

Pierre reste interloqué, comme un enfant dont le secret a été dévoilé et qui ne pense plus qu'à se faire aimer.

PIERRE PERRAULT

Au fond, c'est une scène d'amour que je suis en train de faire à la France... mais...

HÉLÈNE HIMELFARB, *dans un sourire désarmant.*

Si vous croyez que je ne m'en rends pas compte!

PIERRE PERRAULT, *complètement désemparé.*

Ah! Ben... À part ça... je ne peux plus parler maintenant...

La caméra quitte la scène. On continue à entendre le rire d'Hélène Himelfarb, tandis que dans le bleu intense d'un ciel d'hiver québécois s'élève un premier vol d'oies blanches.

Le passage

Sur la route de Saint-Jean
il avait vu dans les arbres en automne
des oiseaux
qui se prenaient pour des fruits.

Gérald GODIN,
Ils ne demandaient qu'à brûler.

Le rire d'Hélène Himelfarb se poursuit sur les premières images de la séquence qui commence : un couple d'oies blanches dans le bleu du ciel. La caméra les suit dans leur descente jusqu'à leur fusion dans le troupeau innombrable qui a envahi la batture à peine découverte, entre les monceaux de glace échoués et la ligne claire du fleuve. Superbe harmonie des formes, des sons, des couleurs, et l'intense frémissement de la vie, quand le printemps naissant se coule dans la transparence d'un hiver qui se cache pour mourir.

Voix de PIERRE PERRAULT
L'art, je veux bien, mais la vie, Bon Dieu! J'suis fou... j'suis fou! J'suis dément! Je suis tout seul : j'aime la réalité. J'aime les hommes vivants! Et ça, ça me paraît quand même contredire jusqu'à un certain point la fiction et l'embellissement. Qu'est-ce que vous voulez que je fasse? C'est viscéral!

Dans la «chambre nuptiale» du Motel de nos Aïeux, aux Éboulements, Pierre s'apprête à pourfendre tous les «châteaux de Versailles» du monde, opposant la forme sauvage des glaces vives aux bords ourlés des rochers de la grotte de Thétis et la musique des oies blanches aux roucoulades de Lulli.

Derrière lui, dans la baie vitrée le ciel rougeoie. Le soleil est passé derrière la montagne.

Assis sur le rebord du lit, le philosophe s'étonne de l'emportement du cinéaste : qui est-il celui qui fuit ainsi l'art du statuaire, de l'architecte et du musicien? Suspect à ses yeux comme l'est Socrate qui, toute sa vie, «hait les amples rhapsodies, les arrête et les dépèce, membre à membre[1]».

MICHEL SERRES

Mais toi, toi-même, Pierre Perrault, tu ne fais pas de gestes, tu ne pêches pas le marsouin... *tu fais des images.* Comment tu te sors de ce problème?

Le philosophe a fait mouche. La question est posée, là, essentielle. Pierre est arrêté dans sa course, tout net.

PIERRE PERRAULT

Là, vous me posez le problème du cinéma... C'est méchant!

Devant l'embarras de Pierre éclate le rire de Michel Garneau, qui devine à sa manière ce que veut dire le philosophe. Car il sait, poète sensible des espaces et des sons innommés, que le philosophe se souvient; il se souvient de Socrate «ravagé par le goût de la mort (ce fils de sculpteur), [qui] se couche en débattant avec ses disciples, après avoir accepté les lois et la sentence qui le condamnent, avoir bu la ciguë dont le froid le raidit en l'envahissant peu à peu à partir des pieds : le voilà devenu statue œuvre de son père[2]».

MICHEL SERRES

Tu fais du cinéma!?

---

1. Michel Serres, *Hermaphrodite, Sarrazine sculpteur,* Paris, Éditions Flammarion, 1987.
2. *Ibid.*

PIERRE PERRAULT

C'est méchant parce que j'ai un terrible effort à faire!

MICHEL SERRES

Oui, je sais!

PIERRE PERRAULT

... Parce que je suis obligé de justifier mon instrument.

> De nouveau, le statuaire du fleuve «englacé» et la profu-
> sion d'oies blanches qui crient à tout rompre.

Voix de MICHEL SERRES

Ce n'est pas le problème de Pierre Perrault; c'est le mien comme
celui de Michel... c'est-à-dire qu'on veut écrire la réalité. Mais
lorsque je décris, moi aussi, dans un texte, le fleuve ou les gestes
du fleuve, je reste quand même un écrivain, et toi, tu restes un
cinéaste. C'est-à-dire que quand tu dis : «Je me fiche des images»,
tu ne fais quand même que des images ...

> Tandis que Michel parle, la bruissante procession des oies
> blanches a envahi la lisière du fleuve. Soudain Pierre fait
> irruption dans le cadre, s'élance sur la glace et court en
> silhouette vers le troupeau d'oies qu'il va faire lever.

Voix de MICHEL SERRES, *qui poursuit sur cette*
évocation de la course de Pierre.

Ce n'est pas toi qui pêches le marsouin, ce n'est pas toi qui fais la
traverse d'hiver de l'île aux Coudres sur la côte et ainsi de suite...

> Les oies effrayées s'envolent brusquement comme un
> nuage multiplié dans une éclatante musique d'oiseaux
> fous.

Voix de PIERRE PERRAULT

Elles ont levé, tu as vu, ça s'appelle déranger beaucoup de monde!
C'est tellement beau, hein!

> À l'image, dans la musique des oies, Pierre est à côté de
> Martin Leclerc qui, l'œil fixé au viseur de sa caméra,
> tendu, attentif, vient de tourner l'envol du troupeau, à la
> demande de Pierre, pour le plaisir du cinéma. Car il faut
> l'artifice pour dire la beauté des choses et il faut le regard
> qui les métaphorise. Socrate encore : «Or, dans la prison,

à l'article de la mort, il se souvient d'apprendre la musique et ses doigts gourds errent sur les cordes vibrantes, essayant de retrouver pendant l'agonie les rhapsodies que sa vie n'avait cessé d'assassiner[3].» Les oies par petits groupes reviennent à leur point de départ, sans soupçonner le moindrement le jeu du cinéma, qui les suspend entre ciel et terre, et en fait les notes et les mots répandus dans l'espace de nos musiques et de nos écritures.

«Elles ont levé, tu as vu...»

Voix de Pierre Perrault

Il y avait des lignes partout... Quand elles ont levé, c'était vraiment une page pleine d'écriture!

> Lentement l'image s'éloigne, les oies recouvrent à nouveau la batture comme une prairie blanche dans la mouvance des glaces tandis qu'un mouvement musical électroacoustique naît des cris mêlés.

Voix de Michel Serres

Je crois que son inquiétude, qu'au début on comprend mal, mais qu'à la fin on comprend bien, consiste à donner la parole non seulement aux Québécois mais à faire parler le Québec comme tel. Et nous Français, nous sommes un peu étonnés d'un projet pareil, parce que ça fait très longtemps que la France parle.

> À Paris, à sa table d'écriture, Michel tente de mettre en perspective sa rencontre avec Pierre. Il poursuit.

Voix de Michel Serres

Mais nous ne sommes plus étonnés d'un projet pareil parce que la France se met à ne plus parler. Elle se met à ne plus parler pour des raisons très simples... C'est qu'elle est en train de perdre sa langue!

---

3. *Ibid.*

À l'image se succèdent une série d'enseignes de magasins filmées en plein cœur de Paris, à Beaubourg :

CHINA EXPRESS

LOVE BURGER

LIFE SHOW

Liste des territoires abandonnés par la langue et marque des chimériques Amériques qui ponctuent, dérisoires, le propos de Michel.

Voix de MICHEL SERRES

Pendant l'Occupation, il y avait moins de mots allemands sur les murs de Paris qu'il n'y a maintenant de mots anglais sur les mêmes murs! L'espèce de mise en péril de notre culture est assez profonde. Nos inquiétudes se mettent tout à coup à ressembler aux vôtres.

LIBERTY

HITBURGER RESTAURANT FREETIME

SEXCITING

La liste s'allonge comme la ritournelle ironique de ce vieux manège de chevaux de bois, vestige d'un autre temps sur le parvis des Halles. Un tour suffit pour que l'inquiétude de Michel rejoigne celle de Pierre devant le sens de sa propre aventure, dans ce pays du Québec où les murs aussi semblent à nouveau céder la place à l'occupant.

La nuit est tombée sur l'île aux Coudres. Dans la chambre du Motel de nos Aïeux, le doute s'installe dans le regard de Pierre.

PIERRE PERRAULT

Je suis un peu inquiet, des fois, je l'avoue.

C'est une espèce d'entreprise… j'ai donné vingt ans, vingt-cinq ans de ma vie à faire ça et qui m'a l'air d'arriver à un cul-de-sac.

Un cul-de-sac, le combat nationaliste? Une chimère, ce cinéma qui promettait la fierté et l'affirmation d'un peuple? L'aveu de Pierre est grave, à l'image du doute qui habitait alors le Québec avant l'apparente indifférence qui l'habite aujourd'hui. J'avais besoin de comprendre et, pour cela, de dissocier les états d'âme de Pierre de l'aventure du Québec.

Deux mois plus tard, je faisais part de cette scène à Gaston Miron, qui séjournait alors en France depuis un an et que je retrouvais à Montpellier à l'occasion d'une rencontre entre écrivains québécois et écrivains occitans. L'infatigable poète du Québec libre s'étonnait de l'échec du souverainisme, fustigeait le Canada Act, Trudeau, le référendum, mais ne doutait pas un instant de l'importance du chemin parcouru. Maudissant seulement le temps, bien sûr!

Un beau matin, assis dans le jardin odorant de l'écrivain Frédéric-Jacques Temple, je lui fis écouter sur mon «walkman» la séquence où Pierre se met en doute.

> Voix de PIERRE PERRAULT, *plus nasillarde, plus étouffée, telle que Gaston Miron, attentif, la perçoit dans les écouteurs.*

C'est une espèce d'entreprise… j'ai donné vingt ans, vingt-cinq ans de ma vie à faire ça, et qui m'a l'air d'arriver à un cul-de-sac…

> Un lent panoramique découvre l'île aux Coudres, muette, silencieuse, sombre dans la brillance du fleuve. Le mouvement de caméra s'achèvera sur la baie Saint-Paul. Dans le rouge sombre du ciel se découpent les montagnes énormes et pesantes, pour accentuer le silence et l'énigme.
> Sur ce paysage fabuleux, on entend la réponse de Gaston Miron au questionnement de Pierre.
> Des éclats de cordes ponctuent sa parole.

> Voix de GASTON MIRON

… C'est pas le rêve, l'île aux Coudres, c'est… c'est un témoignage. C'est sûr que l'homme s'invente aussi, mais ça s'inscrit plutôt dans un projet que dans un rêve. Alors ce qui compte, c'est pas de créer un pays imaginaire, c'est de créer l'imaginaire d'un pays.

> Dans la chaleur matinale — et méditerranéenne — du jardin à Montpellier, Gaston Miron pose les écouteurs du «walkman» et poursuit son soliloque.

> GASTON MIRON

Je ne crois pas que le cinéma de Pierre, celui de l'île aux Coudres puis l'ensemble de son cinéma, crée un pays imaginaire. Au contraire, il donne un imaginaire : l'imaginaire perdu d'un pays, il le redonne aux Québécois. Il le redonne dans les formes où il l'a trouvé, en 1963, en 1965 avec *les Voitures d'eau*, etc. À travers ses films, il redonne cet imaginaire qui était aliéné…

«C'est pas le rêve, l'île aux Coudres, c'est un témoignage.» (Gaston Miron)

Par montage, dans la chambre du motel, Pierre tente de se justifier.

PIERRE PERRAULT

Remarque bien que je ne veux pas avoir le succès de *Dallas*! Je ne suis pas intéressé à ce que mon film passe en France, je ne suis pas intéressé à ce que mes films passent aux États-Unis, je suis intéressé à ce qu'ils concernent le Québec. C'est ça que je voudrais. Et je sens que les gens sont un petit peu concernés, mais ils sont tellement envahis! Leur esprit est occupé : les hommes... — il y a un mot terrible qui est utilisé pour parler de ça — sont «dépaysés»...

MICHEL GARNEAU

Oui...

PIERRE PERRAULT

... vraiment «dépaysés», et dans notre pays, être dépaysé, c'est grave!

Pour Pierre, il me semble que le «dépaysement», en ce qui concerne le Québec, ressemble à une désertification de l'intérieur qui touche bien sûr le territoire géographique mais aussi le territoire plus fragile de la culture et des individus. En ce sens, c'est un état chronique pour toute minorité en Amérique du Nord. Mais ce «dépaysement» est d'autant plus pervers et néfaste qu'il frappe à un moment où l'enthousiasme «identitaire» est retombé. Et ce rêve d'une originalité absolue pour le Québec a cédé plus ou moins consciemment la place à une tendance généralisée à l'indifférenciation dans le creuset plus large de l'Amérique : l'attrait de l'insignifiance absolue en quelque sorte.

Et pour lui qui venait d'effectuer la traversée-prétexte de l'Atlantique à l'occasion de son film *la Grande Allure,* ce dépaysement prenait alors un sens tragique, qu'il cherchait à expliquer au cours d'une de ses interventions au colloque Québec-Occitanie à Montpellier, en juin 1985.

> PIERRE PERRAULT, *il prend le micro au milieu de l'assistance d'écrivains et d'écrivaines.*

Je viens de faire une aventure, d'avoir une aventure sur le fleuve Saint-Laurent...

> À l'image de l'assemblée se substitue un moment du tournage de ce film : en plan moyen, sur ce qui se révélera être un cargo qui manœuvre, on distingue Pierre, son équipe technique et ses personnages. On filme une scène dont on n'entendra pas le dialogue. L'image s'élargit, on découvre alors le *Coudre-de-l'Île,* le dernier cargo de l'île aux Coudres qui accoste lentement, dans une petite brume matinale, un vaste quai désert du port de Québec.

> Voix de PIERRE PERRAULT, *qui continue sa prise de parole sur ces images de silence et de vide.*

J'habite le fleuve Saint-Laurent depuis vingt-cinq ans. Depuis vingt-cinq ans je le fréquente, depuis vingt-cinq ans j'en parle, depuis vingt-cinq ans je peux en parler, et cette année, j'ai traversé ce fleuve pour le globaliser... parce que je l'avais dit par petits morceaux. Et je m'aperçois que je n'ai plus rien à dire du fleuve Saint-Laurent! Parce que nous n'occupons plus que l'espace de l'assurance-chômage! Y'a plus d'actes, nous ne posons plus d'actes sur ce fleuve. Quand j'ai fait *Pour la suite du monde,* il y avait une écriture : on tendait des pêches sur la mer, on prenait des dauphins blancs, on pouvait dire le fleuve, avec des gestes, des combats et des mots. On n'a

«Il y avait une écriture : on tendait des pêches sur la mer.»

plus de mots, on n'a plus de langue! (Pierre à Montpellier, prend les écrivains à témoin. L'avocat qui sommeille en lui s'échauffe et mord à la cause.) Parce que la langue non plus n'est pas un espace en soi! La langue doit être occupée par des actes, par des gestes... par des maîtrises. Et je dis tout simplement : «C'est pas la peine de faire l'indépendance d'un peuple de buveurs de bière qui est incapable de brasser sa bière lui-même.»

Son intervention produit un léger brouhaha dans l'assistance; sa parole passionnée à l'excès surprend, dérange, irrite. Et puis «tout bon raisonnement offense», disait Stendhal. Dans les circonstances, pour les Occitans comme pour les Québécois, le rappel de la promesse d'un pays a un petit goût amer propre aux espérances et aux désirs profondément déçus et soigneusement refoulés.

Car Perrault a cru sincèrement, et croit encore au tréfonds de lui-même, au rêve d'un pays à faire. Et c'est ce rêve qui, dès ses premiers films, prend le devant de son cinéma. Il ne le quittera pas, allant jusqu'à confondre son amour irraisonné du pays avec le projet politique souverainiste qu'il endosse clairement dans *Un pays sans bon sens*. C'était en 1968; il filmait un René Lévesque enflammé, débordé par ses mots et emporté par l'enthousiasme d'un public conquis.

Voix de René Lévesque

Il ne s'agit pas de faire un paradis, mais il s'agit peut-être de faire, sinon pour nous, en tout cas certainement de plus en plus pour nos enfants, un pays avec le Québec où on pourra se sentir chez nous. Après tout ce n'est pas la fin du monde!

Qui pouvait résister à l'enthousiasme d'une telle promesse? Les applaudissements, les cris de la foule disent l'évidence que Perrault filme alors soigneusement : au-delà du rêve, il y avait la certitude du projet d'un pays à bâtir «avant la nuit». Reste aujourd'hui, dans le bruit de la foule et du passé qui s'estompe, la parole prophétique de Gaston Miron à Montpellier, un instant poète exilé d'un Québec qui se cherche, dans le parfum matinal des mimosas.

Gaston Miron

Évidemment, si le projet n'a pas abouti, ce n'est pas la faute du cinéma de Pierre Perrault, ni de la vision que d'autres peuvent en avoir... Le projet est toujours là, à mon avis, c'est l'avenir du projet qu'on a bloqué : le référendum a été un frein! Le Canada Act, ça été un verrou!

Puis la parole de Gaston Miron va se poursuivre sur un plan extérieur de la chambre du Motel de nos Aïeux, îlot de lumière dans la nuit tout à fait noire. À travers la fenêtre on distingue en profil la silhouette de Pierre qui fait face aux deux Michel. La scène est muette.

Voix de Gaston Miron

... Il s'agit de reformuler le projet, donc le passage vers l'avenir. Voilà qu'on retrouve l'actualité de la démarche de Pierre : le passage... et je crois que tous les artistes au monde cherchent le passage...

Après la période d'affirmation de soi, la période d'ébullition, d'effervescence, d'éclatement de soi — et le Québec a connu cela jusqu'en 1980 — il y a forcément une période de maturation qui est très difficile et très austère, parce que c'est la période où on fait le compte de ses réussites et de ses échecs et où l'on tente de redéfinir les enjeux. Et là, il convient de faire la part des choses...

Maintenant la nuit. Dans la chambre du motel, la lumière est plus crue.

PIERRE PERRAULT, *en gros plan. Le visage plus tendu, plus inquiet.*

Et puis, je ne suis pas certain de... Je ne suis pas certain de ne pas m'être trompé. J'ai dépensé beaucoup d'énergie, tu le sais, là-dessus... Je suis content, bon, c'est un beau souvenir, *Pour la suite du monde,* mais si c'est l'album de famille, un point c'est tout, ce n'est pas la peine de dépenser autant d'argent et d'énergie... parce que ça coûte cher de faire du cinéma. C'est ça qui est un peu angoissant.

L'image se fige un instant sur son visage.
Un silence.
Puis un plan général du fleuve, vu de la berge à Petite-Rivière-Saint-François. Assez irréel.
L'eau bleutée et quelques rares glaçons qui scintillent; deux gros rochers ronds comme dos de baleine, au premier plan. Au loin, l'autre rive que l'on devine dans la brume légère et un cargo, sans doute le *Coudre-de-l'Île* qui remonte lentement le courant. Et sur cette image énigmatique : écoulements et miroitements, bouillonnements autour des rondeurs rocheuses, lent glissement silencieux et lointain du bateau, un petit poème que récite Michel Garneau, pour rompre le pathétique et tordre le cou à la nostalgie.

Voix de MICHEL GARNEAU
Connaissez-vous l'oiseau-névrose?

Voix de MICHEL SERRES, *qui comprend l'allusion.*

C'est ça!

Voix de MICHEL GARNEAU, *qui récite.*
Savez-vous ce que l'on fait avec l'oiseau-névrose?

Voix de MICHEL SERRES, *il imite avec la bouche le son d'un coup de fusil.*

Voix de MICHEL GARNEAU, *qui récite.*
On le mange avec des patates pilées comme une dinde de Noël! (Il clôt son petit poème par un rire énorme.)

Voix de MICHEL SERRES
C'est bien ça... l'oiseau-névrose est une outarde, parmi d'autres!
(Les deux Michel rient de plus belle.)

> ### Voix de PIERRE PERRAULT, *qui comprend de mieux en mieux qu'il est l'objet de l'allusion et qui interroge, timidement.*

J'espère que vous n'avez pas décelé une névrose dans mon...

> ### Voix de MICHEL GARNEAU, *qui l'interrompt d'un éclat de rire.*

Ben non!

> ### Voix de PIERRE PERRAULT, *comme pour s'excuser.*

J'ai un instrument, Michel... pis, je le remets en question...

> ### Voix de MICHEL SERRES, *qui intervient avec ferveur sur le rire de Michel Garneau.*

C'est pas la peine de te poser des problèmes... Il n'y a pas de doute qu'un jour, et ce jour est venu, on préférera de très loin le film d'hier soir à tous les films qui ont été présentés à Cannes la même année. Bon! C'est fait! Tu doutes au moment précisément où tu gagnes. Par conséquent, tu n'as plus besoin de douter. La partie est gagnée, ne doute plus! Continue! C'est tout! C'est tout ce que j'ai à te dire avant de partir!

> Il se tait alors, regarde attentivement Pierre qui semble réfléchir puis, devant son silence, il quête du regard l'approbation de Michel Garneau qui sourit, tassé dans son fauteuil.
>
> Pierre hésite, semble plonger au plus profond de lui en brisant un dernier doute et se met à parler comme s'il était seul devant cette baie vitrée que la nuit a transformée en miroir.

PIERRE PERRAULT
J'sais pas (un silence, puis hésitant) ... On essaie toujours de se justifier et c'est toujours contre les autres... Au fond (un autre silence)... je ne suis pas attaqué... je n'existe pas; ce n'est pas très grave. Mais j'ai quand même une espèce de démarche... puis, là, tout à coup, je me dis : «C'est fini, j'ai fait ça... est-ce que j'ai tort

ou raison?» J'essaie de justifier mon aventure, de la comprendre en même temps, de comprendre à la fois mon émerveillement pour... la parole de l'homme et l'indifférence des hommes à l'égard de cette parole-là.

> Derrière la réponse de Pierre s'installe progressivement la musique des glaces. Puis le fleuve apparaît à l'image dans les couleurs d'un soleil couchant, dans le fracas des glaces qui se brisent sur l'étrave du traversier de l'Île et, dans la mouvance du bateau, dans la montée d'une musique de début du monde, on entend, reprise en écho, la dernière phrase, l'aveu étonné de celui qui crut mettre la main sur le génie de la parole et voit se refermer la boîte noire de l'indifférence.

«Mon émerveillement pour la parole de l'homme et l'indifférence des hommes à l'égard de cette parole-là.»

Voix de PIERRE PERRAULT

... Mon émerveillement pour la parole de l'homme et l'indifférence des hommes à l'égard de cette parole-là.

> Le paysage se fige, la musique continue, retournant le flux sonore, et envahit confusément l'eau immobile et le ciel invariable. Là commence le générique de la fin.

Épilogue

*L'Islam affirme qu'au jour sans appel du Juge-
ment, tout auteur de l'image d'une chose
vivante ressuscitera avec ses œuvres, qu'on lui
ordonnera de les animer, qu'il échouera et
qu'il sera livré avec elles au feu du châtiment.*

J.-L. BORGES, *l'Auteur et autres textes.*

Celui qui prétend donner la parole à ceux qui ne l'ont pas se condamne-t-il à brûler au feu du châtiment, tout comme celui qui, de son vivant, convoque le destin pour juger de son œuvre?

Ce soir de mars, dans ce coin de motel, je repensais à mes chasses avec Pierre quand, à la fin d'une journée sans lièvre, il refusait l'évidence d'un retour bredouille et, me laissant sur le chemin, s'enfonçait solitaire dans le bois à la nuit tombante.

Ce soir-là, par contre, dans la nuit déserte du fleuve, dans «la chambre nuptiale», Pierre se mettait en joue tout seul : au-delà de l'interrogation obsessionnelle et névrotique de l'auteur sur lui-même que Michel Garneau venait de tourner en dérision; au-delà de l'assurance de ce «tu doutes au moment précisément où tu gagnes», que lui laissait Michel Serres avant de rentrer en France.

Malgré tout, Perrault vacillait en face de lui-même et de sa propre image, seul, soudain privé de la cohorte de ses intercesseurs, morts, absents ou récusés par le public, ceux dont la parole et l'image habitent son œuvre et qui le dissimulaient jusqu'alors aux regards des autres et à son propre regard.

Mis à nu, il soupçonnait l'abandon et la désertion de ces intercesseurs à venir, hommes et femmes à la parole belle, comme si
dans ce pays qui semble à nouveau se «dépayser» il ne pouvait plus
compter sur la capacité créatrice et libératrice d'une parole qui a été
la matière vive de son œuvre et qu'il a sacralisée à l'extrême.

«Perrault pense que s'il parle tout seul, même s'il invente des
fictions, il tiendra forcément un discours d'intellectuel, il ne pourra
pas échapper au "discours du maître ou du colonisateur" […]. Or,
prendre les gens en flagrant délit de légender, c'est saisir le mouvement de constitution d'un peuple[1].»

À travers la parole de ses intercesseurs, Perrault s'est identifié
au mouvement de libération de la conscience sociale québécoise et
y a consacré son œuvre : refus de la fiction des autres, bien entendu,
mais refus également de tout ce qui constitue l'«aliénation du fondamental» (Gaston Miron). Or, «donner la parole à ceux qui ne l'ont
jamais eue» a été pour Perrault autre chose que l'attitude paternaliste
d'un petit bourgeois intellectuel et urbain qui fuit son bureau d'avocat pour se mettre généreusement à l'écoute de la majorité silencieuse. Au contraire, il s'est agi bel et bien d'un acte politique
essentiel puisqu'il a voulu, à travers cette prise de parole, provoquer
et alimenter le mouvement d'un peuple qui se reconnaît et se constitue.

Gilles Deleuze, encore, a parfaitement compris cela chez
Perrault, lorsqu'il rapproche la place de la fabulation dans son entreprise cinématographique unique au Québec de la démarche de résis-
tance du peuple palestinien :

> «[…] dès le moment où les Palestiniens sont
> expulsés de leur territoire, dans la mesure où ils
> résistent, ils entrent dans le processus de cons-
> titution d'un peuple. Ça correspond exactement
> à ce que Perrault appelle "flagrant délit de légen-
> der". Il n'y a pas de peuple qui ne se constitue
> comme ça […][2].»

Perrault a cru pendant trente ans au pouvoir dénonciateur de
cette prise de parole à l'intérieur de son «cinéma du vécu». Pendant

---

1. Gilles Deleuze, *op. cit.*
2. *Ibid.*

trente ans, film après film, il a été persuadé que ce cinéma avait une fonction libératrice essentielle qui résidait justement dans cette capacité de mémoriser la fugacité des mots et des choses. Dans ce pays où la langue est la frontière fragile de la culture, il fallait bien faire en sorte qu'à travers la parole d'ici, les Québécois et les Québécoises s'écoutent, se regardent et s'aiment : qu'ils puissent aimer leur vie, qu'ils puissent aimer se voir plutôt que de voir des idoles, des saints, des statues, des vedettes, des stars, des *Dallas* ou autre *Dynastie*.

Il est bien évident que le cinéma de Perrault a été porté par l'engouement d'un peuple qui se découvrait et qui prenait conscience du fait que, en poésie, en peinture, en littérature, en chanson, la vérité pour un pays n'est pas quelque chose qui préexiste mais qu'elle est à découvrir, à créer et à façonner dans chaque domaine, constamment, puisque tel est le destin des peuples minoritaires.

Bien sûr, la mise en doute de son entreprise cinématographique par Perrault lui-même, ce soir-là, est contaminée par le doute généralisé qui touche les nationalistes de la première heure au lendemain de l'échec du référendum et à la veille de la déconfiture du Parti québécois de René Lévesque. Elle dépasse assurément la seule interrogation inquiète de l'auteur en face de son œuvre telle que Perrault semble la formuler ici. Dans la chambre du Motel de nos Aïeux, devant la fenêtre, sur le miroir de la nuit, Pierre Perrault devient en fait l'intercesseur d'un autre film, d'un autre propos, qui déborde la simple question individuelle du destin de l'écriture et de la création et qu'il a pourtant rendu possible en professant son «émerveillement pour la parole de l'homme». Car «donner la parole», n'est-ce pas indiquer un itinéraire de découverte et de connaissance qui transcende la capacité créatrice de celui qui donne cette parole? En ce sens, Perrault a ouvert un territoire que l'on commence à peine à explorer. Aujourd'hui, son cinéma est peut-être devenu le long récit d'un événement qui n'a pas eu lieu : celui de la souveraineté du Québec.

Récit unique d'un non-événement, entre comédie et tragédie, car il faut bien que le récit se substitue à la défaillance de l'Histoire à un moment où le projet souverainiste ne débouche plus sur un avenir. Or, dans ce moment si particulier, où ce qui a été fait ne doit pas être à faire, le projet reste là, suspendu dans un temps sans avenir, enfermé, anachronique dans un présent verrouillé. Mais au-delà des traces d'un rêve passé reste le récit, issu d'une capacité de légender que l'épopée cinématographique de Perrault contient, bien vivante. Et cette épopée incontournable fait désormais partie de l'espace culturel québécois et de son paysage politique, dérangeante, comme lorsqu'un pan du passé retenu trop longtemps réclame son droit à l'avenir, comme un rêve devenu projet qui exige son droit de passage en refusant de mourir.

Aussi, même s'il ne peut prétendre *être* l'Histoire ou s'y substituer, le cinéma de Perrault s'est-il engagé dans la libération d'un peuple autant qu'il a contribué à l'engager. À sa façon, il exige des comptes. C'est en ce sens que l'aventure sociale et le destin du cinéma de Perrault sont liés à l'aventure sociale et au destin du peuple québécois, en raison de la nature même de ce cinéma du vécu qui prend sa source dans la parole vive des gens de ce pays.

Actuellement, dans la situation de rupture que vit le Québec, le cas de Perrault est l'exemple assez particulier du paradoxe qui s'installe entre l'auteur et la destinée de son œuvre : aujourd'hui le mouvement nationaliste est malade et les héros sont fatigués. Perrault s'attendait à cela, lui qui annonçait ce déclin dès *la Bête lumineuse* et le confirmait en rapatriant Cartier sur un fleuve déserté, dans *la Grande Allure*.

Mais quand le projet souverainiste bascule dans l'histoire, Perrault résiste de toutes ses forces comme au soir d'une chasse qui s'achève, incertain de ne pas avoir laissé échapper la belle capture. Ce qui explique l'acharnement de Perrault à se justifier à ses yeux et aux yeux des autres, tendance qui a toujours été forte chez lui, en particulier dans le besoin constant qu'il a eu, dès ses premiers films, de se réapproprier par l'écriture et dans les livres la parole de ses intercesseurs. C'est comme cela qu'il a toujours tenté de proposer *sa lecture* du propos de ses films car, et ce n'est pas son moindre paradoxe, tout chez Perrault s'achève dans *l'écriture*[3].

Maintenant, il vit le destin difficile de ceux qui font «œuvre de l'image d'une chose vivante» : une partie de son cinéma retourne à l'humus social d'où elle est issue. Purgatoire inévitable dans une société mûre vis-à-vis d'une œuvre qu'elle aura à féconder, à redé-

---

3. Une écriture nourrie de mots relevés, de paroles entendues, de sons captés, qui doit en effet plus à l'écoute, au magnétophone, au cinéma du vécu qu'à la référence bibliographique explicite... bien qu'il lise énormément!

couvrir puis à faire sienne. Mais le détachement, s'il est nécessaire pour continuer, n'est pas chose facile pour Pierre Perrault.

Incertain, il se replie d'abord sur lui-même, refusant l'évidence d'un changement profond du Québec, d'une rupture brutale qui se répercute nécessairement sur toutes les formes d'expression.

Évidemment, en retournant la question vers lui-même, en se demandant quel est son problème, quel est son style, quelle est la difficulté qu'il rencontre, il multiplie cette difficulté au lieu de la résoudre. En somme, tôt ou tard, l'œuvre dépasse l'auteur, qui ne peut se maintenir à son égard que par une espèce de diététique mentale et psychologique de détachement du moi par rapport à l'écriture et à sa fonction sociale.

Tout chez Perrault s'achève dans *l'écriture*.

Pour Perrault, la découverte d'un nouveau «passage» est sans doute à ce prix. C'est aussi l'enjeu du Québec, qui se pose aujourd'hui en terme de passage vers l'avenir. Ainsi le repliement sur soi est peut-être le détour obligé vers le détachement.

Quand, en 1987, Pierre Perrault se propose à nouveau de faire un film et de prendre comme sujets la toundra et le bœuf musqué, loin de la parole des hommes, j'ai l'impression qu'il commence à consommer une rupture nécessaire. Quelle que soit l'issue de ce nouveau film, qu'il se fasse ou qu'il ne se fasse pas, en tant que projet il participe déjà de ce besoin de détachement à l'égard de l'œuvre passée. En se confrontant à l'impossible, à l'animal silencieux et au Nord — le Nord, dans certaines pensées orientales, est la voie ardue vers la réalité totale —, le réel va-t-il enfin rejoindre la matière même de l'ultime fiction? Valéry disait : «Personne ne va au Nord extrême.» C'est vrai, on reste à mi-chemin. Pierre va-t-il brûler la maison de la poésie qui reste à mi-chemin? Suivre la voie du Nord, c'est aller jusqu'au bout du chemin. Il ne faut donc pas s'étonner de retrouver derrière ce projet le discours sur les origines et le fondamental existentiel. La toundra (comme le désert, comme le poème) est un espace qui s'ouvre, une abstraction que peuple ici la *bête* sombre, l'aurochs des temps primitifs, le bœuf musqué. Belle folie que l'idée de ce film de silence que parcourt l'animal sans parole et qui exige et provoque la parole du poète! Et l'image aussi. Comment filmer le blanc, le vide, comment filmer le sourire millénaire du bœuf musqué et lui faire dire son combat pour la vie et sa course au-devant du glacier?

Je sais bien que la poésie qui intéresse Pierre est celle qui ouvre un espace, qui découvre un monde. Et si dans ce monde de silence et d'espace qu'est la toundra toute métaphore était impossible? Que dirait alors l'impassible image à l'impassible bovidé? Qui écouterait qui? Dans quel huis-clos le cinéma de Perrault est-il en train de s'engouffrer? Mais je m'égare, ceci n'est pas mon problème. C'est le problème du film, qui trouve peut-être son origine dans ce questionnement sur l'«indifférence des hommes à l'égard de leur propre parole», qui terminait notre veillée dans la chambre nuptiale de Michel Serres au Motel de nos Aïeux. Dans le silence des hommes, il y a le regard tranquille du bovidé des premiers âges. La métaphore n'est plus possible et la poésie prisonnière des mots perd pied? Bravo. Exit la poésie. Et le cinéma fait son entrée, qui lui seul peut rendre compte de la métamorphose : ce film-là se devra de découvrir le monde, d'articuler un Nouveau Monde, entreprise colossale! Exit le documentaire. Pour faire ce film, il faudra passer plus de temps à attendre, à lire de la philosophie, de la géologie, de la botanique et des sciences physiques qu'à relire *Gélivures*[4], car les mots ne résisteront pas à la contemplation des choses. Pour laisser parler le silence des premiers temps, enfin, puisque l'intelligence tremble à l'approche de l'être nu.

Réalisés ou non, ce sont les projets qui indiquent le sens d'une œuvre et qui constituent autant de balises pour la suite du monde. Et Perrault fait partie de ces vigiles, rares et précieux dans une société, qui indiquent des passages possibles. L'ultime leçon de cette aventure assez exceptionnelle est une leçon de cinéma, bien entendu : Perrault, en suivant les traces du rêve d'un pays à nommer et à faire, a inventé en toute innocence *un cinéma de connaissance,* essentiel pour nous, puisque la connaissance naît de ce danger de mort lente qui habite le Québec, et dans lequel la parole est venue briser la sainte alliance cléricale de l'empire et de l'idée.

C'est un cinéma du côté noir, de la nuit, des mystères, qui explore le bruit, la noise, par bifurcation et métamorphose. Il occupe l'espace. Il hésite un instant, bifurque encore. L'île aux Coudres, puis le côté noir, Hauris d'Abitibi, enfin la nuit d'où surgit le Dionysos de *la Bête lumineuse.* Monde de rêves et de chimères, car il faut aussi se payer de mots dans un Québec où toute question devient : «Prendre la place ou céder la place.» Voilà pourquoi le discours que défile le cinéma de Perrault est un discours d'origine, dont chaque film reconstitue le commencement et l'essai. Discours faible et fragile qui avoisine le silence.

Il y a de la raison, il y a de la violence aussi. Beaucoup d'intelligence. Un instant l'ordre, un instant la croissance. Toujours incertain de capter la réalité des choses, il fait beaucoup de bruit tant que reste l'ombre d'un doute. Persuadé à coup sûr que dans le sillage du bateau les glaces brisées tracent le chemin fragile de l'évidence qu'il ne cesse d'appeler :

> *Aurons-nous le courage de laisser échapper une*
> *aussi belle embelle[5]? L'indécence de ne pas, enfin,*
> *passer de la parole aux actes. Et j'en aurais à*
> *mon tour la mort dans l'âme[6].*

---

4. Pierre Perrault, *Gélivures,* Montréal, Éditions de l'Hexagone, 1977.

5. Une *embelle* : une occasion favorable, in *Glossaire du parler français au Canada,* Québec, les Presses de l'Université Laval, 1968.

6. Pierre Perrault, *De la parole aux actes,* Montréal, Éditions de l'Hexagone, 1986.

Discours faible et fragile qui avoisine le silence.

Générique du film

Le film a été tourné grâce à la collaboration de :

Pierre PERRAULT, qui a pris la parole
Stéphane-Albert BOULAIS, qui s'est vu incognito
Maurice CHAILLOT, qui a rencontré l'orignal
Léopold TREMBLAY et les gens de l'île aux Coudres, qui se sont souvenu
Jacques DOUAI, qui a chanté
Madeleine CHANTOISEAU, qui a féminisé
Michel GARNEAU, qui a poétisé
Michel SERRES, qui a philosophé
Hélène HIMELFARB, qui a connu Louis XIV
Gaston MIRON, qui a cherché le passage
et à la participation amicale de Louis MARCORELLES (*le Monde*),
écrite de Janine BARON (*la Croix*),
radiophonique de Patrick SABATIER (R.T.L.),
fugace de Serge GAINSBOURG

avec, pour mémoire, des extraits
des films de Pierre PERRAULT

Pour la suite du monde (1963)
Le règne du jour (1969)
Les voitures d'eau (1969)
Un pays sans bon sens (1969)
C'était un Québécois en Bretagne, Madame! (1977)
La bête lumineuse (1982)

Archives
RADIO-CANADA
Lecteur
Jean-Daniel LAFOND

La Chanson de Marie
(paroles de Pierre Perrault)
est chantée par
Monique MIVILLE-DESCHÊNES
et par
Jacques DOUAI

Remerciements spéciaux à
Yolande et Mathieu PERRAULT
à
Michèle LEVIEUX
à
Pierre LE MOINE,
conservateur du château de Versailles
à
Frédéric-Jacques TEMPLE
Pierre PITIOT
Henri TALVAT
et au
Cinéma Le Club à Montpellier

au
Consulat de France à Québec
et au
Ministère des Relations extérieures

Recherche, scénario et réalisation
Jean-Daniel LAFOND

Montage
Babalou HAMELIN

Caméra
Martin LECLERC

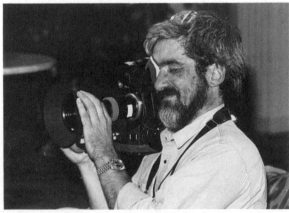

Martin Leclerc, caméra.

Michel NAUD
à Cannes

François BEAUCHEMIN
sur le fleuve

Assistants à la caméra
Carol JARRY
Michel MOTARD

Éclairage
Denis BARIL

Prise de son
Yves GENDRON

Yves Gendron, prise de son.

Claude BEAUGRAND
à Cannes

Mixage
Hans Peter STROBL

Conception sonore
Jean-Daniel LAFOND
et
Babalou HAMELIN

Montage sonore
Michel MOTARD

Composition électroacoustique
Francis DHOMONT

Coordination technique
Édouard DAVIDOCIVI

Générique et titres
Louise OVERY

Administration
Jacqueline RIVEST
Gaétan MARTEL

Production
Jacques VALLÉE

Une production de
l'Office national du film

Babalou Hamelin, montage.

Œuvres de Pierre Perrault

Pierre Perrault est né à Montréal le 29 juin 1927. Il a fait ses études classiques au Collège de Montréal et au Collège André-Grasset. Il a poursuivi des études de droit à l'Université de Montréal ainsi qu'à Paris et à Toronto (1948-1953). Sa pratique du droit sera de courte durée (1954-1956). Il fuira la rue Saint-Jacques à Montréal et le monde des affaires pour les chemins de l'écriture. Il commencera sa carrière comme auteur de séries radiophoniques pour Radio-Canada : *Au pays de Neufve-France, Chronique de terre et de mer, le Chant des hommes, Destination inconnue, J'habite une ville*. De sa série radiophonique *Au pays de Neufve-France*, René Bonnières va tirer treize films de trente minutes dont Pierre Perrault écrira les commentaires (1959-1960). Là commence sa carrière de cinéaste qui le conduira à l'Office national du film du Canada où il devient permanent en 1966 et où il travaille encore.

Parallèlement au cinéma, Pierre Perrault écrit une œuvre poétique abondante, quelques pièces de théâtre et des essais.

FILMS

1959-1960	*Au pays de Neufve-France* série de treize films pour Crawley Films Ltd. et Radio-Canada (réalisation : René Bonnières)
1963	*Pour la suite du monde* (co-réalisation : Michel Brault)
1966	*Le règne du jour*
1968	*Le beau plaisir* *Les voitures d'eau*
1970	*Un pays sans bon sens*
1971	*L'Acadie, l'Acadie*
1976	*Un royaume vous attend* *Le retour à la terre*
1977	*C'était un Québécois en Bretagne, Madame!* *Le goût de la farine*
1980	*Gens d'Abitibi* *Le pays de la terre sans arbre ou Le mouchouânipi*

1982   *La bête lumineuse*

1983   *Les voiles bas et en travers*

1985   *La grande allure*

TRANSCRIPTIONS DE FILMS

1968   *Le règne du jour*
Éditions Lidec

1969   *Les voitures d'eau*
Éditions Lidec

1970   *Un pays sans bon sens*
Éditions Lidec

1982   *La bête lumineuse*
Éditions Nouvelle Optique

1988   *La grande allure*
Éditions de l'Hexagone

POÉSIE

1961   *Portulan*
Éditions Beauchemin

1963   *Ballades du temps précieux*
Éditions d'Essai

1963   *Toutes isles*
Éditions Fides

1971   *En désespoir de cause*
Éditions Parti pris

1975   *Chouennes*
Éditions de l'Hexagone

1977   *Gélivures*
Éditions de l'Hexagone

ESSAIS

1977   *Le discours sur la condition sauvage et québécoise*
Éditions Lidec

1983   *Caméramages*
        Éditions Edilig, Paris et Éditions de l'Hexagone,
        Montréal

1986   *De la parole aux actes*
        Éditions de l'Hexagone

THÉÂTRE

1964   *Au cœur de la rose*
        Éditions Beauchemin; Éditions de l'Hexagone,
        coll. «Typo», 1988

TABLE DES MATIÈRES

ESSAIS
titres disponibles

Salvator Allende & al, *Les documents secrets d'ITT au Chili*
Louis M. Azzaria / André Barbeau / Jacques Elliot, *Dossier mercure*
Louis Balthazar, *Bilan du nationalisme au Québec*
Jean-Michel Barbe, *Les chômeurs du Québec*
Robert Barberis, *La fin du mépris*
Alain Beaulieu / André Carrier, *La coopération, ça se comprend*
Gérard Bergeron, *Du duplessisme à Trudeau et Bourassa*
Jacques F. Bergeron, *Le déclin écologique des lacs et cours d'eau des Laurentides*
Pierre Bertrand, *L'artiste*
Gilles Bibeau, *Les bérets blancs*
André-G. Bourassa / Gilles Lapointe, *Refus global et ses environs*
Jean Bouthillette, *Le Canadien français et son double*
Gilles Bourque, *Classes sociales et question nationale au Québec (1760-1840)*
Jacques Brault, *Alain Grandbois*
Marie-Marthe T. Brault, *Monsieur Armand, guérisseur*
Baudoin Burger, *L'activité théâtrale au Québec*
Jacques Cartier, *Voyages au Canada*
Paul Chamberland, *Un parti pris anthropologique*
Paul Chamberland, *Terre souveraine*
Reggie Chartrand, *La dernière bataille*
Denys Chevalier / Pierre Perrault / Robert Roussil, *L'art et l'état*
Collectif, *Apprenons à faire l'amour*
Collectif, *Gaston Gouin*
Collectif, *La grande tricherie*
Collectif, *Parti pris*
Susan M. Daum / Jeanne M. Stellman, *Perdre sa vie à la gagner*
Louise de Grosbois / Raymonde Lamothe / Lise Nantel, *Les patenteux du Québec*
Gilles de La Fontaine, *Hubert Aquin et le Québec*
Gilles des Marchais, *Poésisoïdes*
Pierre Drouilly, *Le paradoxe canadien; le Québec et les élections fédérales*
Mikel Dufrenne, *L'œil et l'oreille*
Fernand Dumont, *Le sort de la culture*
Claude Escande, *Les classes sociales au cégep*

Pierre-Yves Pépin, *L'homme gratuit*
Pierre Perrault, *Caméramages*
Pierre Perrault, *De la parole aux actes*
Joseph Pestieau, *Guerres et paix sans état*
Jean-Marc Piotte, *La lutte syndicale chez les enseignants*
Jean-Marc Piotte, *La pensée politique de Gramsci*
Jean-Marc Piotte, *Québec occupé, la crise d'octobre 1970*
Jean-Marc Piotte, *Sur Lénine*
Henri Poupart, *Le scandale des clubs privés de chasse et de pêche*
Jérôme Proulx, *Le panier de crabes*
Rassemblement des citoyens de Montréal, *Une ville pour nous*
Revon Reed, *Lâche pas la patate*
Marcel Rioux, *Le besoin et le désir*
Marcel Rioux, *Pour prendre publiquement congé de quelques salauds*
Marcel Rioux, *Une saison à la Renardière*
Guy Robert, *La poétique du songe*
Aline Robitaille, *Gilles Vigneault*
Raoul Roy, *Jésus, guerrier de l'indépendance*
Raoul Roy, *Les patriotes indomptables de la Durantaye*
Jean Royer, *Écrivains contemporains;* Entretiens I (1976-1979)
Jean Royer, *Écrivains contemporains;* Entretiens II (1977-1980)
Jean Royer, *Écrivains contemporains;* Entretiens III (1980-1983)
Jean Royer, *Écrivains contemporains;* Entretiens IV (1981-1986)
Stanley B. Ryerson, *Capitalisme et confédération*
Rémi Savard, *Destins d'Amérique*
Rémi Savard, *Le rire précolombien dans le Québec d'aujourd'hui*
Rémi Savard, *Le sol américain*
Rémi Savard, *La voix des autres*
Rémi Savard / Jean-Pierre Proulx, *Canada, derrière l'épopée, les autochtones*
Robert-Lionel Séguin, *L'esprit révolutionnaire dans l'art québécois*
Robert-Lionel Séguin, *La victoire de St-Denis*
Jocelyne Simard, *Sentir, se sentir, consentir*
Jean Simoneau, *Avant de se retrouver tout nu dans la rue : le problème du logement*
Jeanne M. Stellman, *La santé des femmes au travail*
Jean-Marie Therrien, *Parole et pouvoir*
Paul Unterberg, *100 000 promesses*
Pierre Vadeboncœur, *La dernière heure et la première*
Pierre Vadeboncœur, *Les deux royaumes*

COLLECTION DE POCHE TYPO

Cet ouvrage
composé en Times corps 11
a été achevé d'imprimer sur les presses
de l'imprimerie Gagné à Louiseville
en novembre 1988 pour le compte des
Éditions de l'Hexagone

Imprimé au Québec (Canada)